मीमांसा दर्शन

जैमिनि

Made with ♥ on the Notion Press Platform
www.notionpress.com

अध्याय १

अथातो धर्मजिज्ञासा

१,१.१

चोदनालक्षणोऽर्थो धर्मः

१,१.२

तस्य निमित्तपरीष्टिः

१,१.३

सत्संप्रयोगे पुरुषस्येन्द्रियाणां बुद्धिजन्म तत्प्रत्यक्षम् अनिमित्तं विद्यमानोपलम्भनत्वात्

१,१.४

औत्पत्तिकस् तु शब्दस्यार्थेन संबन्धस् तस्य ज्ञानम् उपदेशोऽव्यतिरेकश् चार्थेऽनुपलब्धे तत्प्रमाणं बादरायणस्यानपेक्षत्वात्

१,१.५

कर्मैके तत्र दर्शनात्

१,१.६

अस्थानात्

१,१.७

करोति शब्दात्

१,१.८

सत्वान्तरे च यौगपद्यात्

१,१.९

प्रकृति विकृत्योश् च

१,१.१०

वृद्धिश् च कर्तृभूम्नास्य

१,१.११

समं तु तत्र दर्शनम्

१,१.१२

सतः परमदर्शनं विषयानागमात्

१,१.१३

प्रयोगस्य परम्

१,१.१४

आदित्यवद्यौगपद्यम्

१,१.१५

वर्णान्तरम् अविकारः

१,१.१६

नादवृद्धिपरा

१,१.१७

नित्यस् तु स्याद् दर्शनस्य परार्थत्वात्

१,१.१८

सर्वत्र यौगपद्यात्

१,१.१९

संख्याभावात्

१,१.२०

अनपेक्षत्वात्

१,१.२१

प्रख्याभावाच् च योगस्य

१,१.२२

लिङ्गदर्शनाच् च

१,१.२३

उत्पत्तौ वावचनाः स्युर् अर्थस्यातन्निमित्तत्वात्

१,१.२४

तद्भूतानां क्रियार्थेन सामाम्नायोऽर्थस्य तन्निमित्तत्वात्

१,१.२५

लोके सन्नियमात् प्रयोगसन्निकर्षः स्यात्

१,१.२६

वेदांश् चैके सन्निकर्षं पुरुषाख्याः

१,१.२७

अनित्यदर्शनाच् च

१,१.२८

उक्तं तु शब्दपूर्वत्वम्

१,१.२९

आख्या प्रवचनात्

१,१.३०

परन्तु श्रुतिसामान्यमात्रम्

१,१.३१

कृते वा विनियोगः स्यात् कर्मणः संबन्धात्

१,१.३२

आम्नायस्य क्रियार्थत्वाद् आनर्थक्यम् अतदर्थानां तस्माद् अनित्यम् उच्यते

१,२.१

शास्त्रदृष्टाविरोधाच् च

१,२.२

तथाफलाभावात्

१,२.३

अन्यानर्थक्यात्

१,२.४

अभागिप्रतिषेधाच् च

१,२.५

अनित्यसंयोगात्

१,२.६

विधिना त्व् एकवाक्यत्वात् स्तुत्यर्थेन विधीनां स्युः

१,२.७

तुल्यं च साम्प्रदायिकम्

१,२.८

आप्ता चानुपपत्तिः प्रयोगे हि विरोधः स्याच् छब्दार्थस् त्व् अप्रयोगभूतस् तस्माद् उपपद्येत

१,२.९

गुणवादस् तु

१,२.१०

रूपात् प्रायात्

१,२.११

दूरभूयस्त्वात्

१,२.१२

अपराधात् कर्तुश् च पुत्रदर्शनम्

१,२.१३

आकालिकेप्सा

१,२.१४

विद्याप्रशंसा

१,२.१५

सर्वत्वम् आधिकारिकम्

१,२.१६

फलस्य कर्मनिष्पत्तेस् तेषां लोकवत्परिमाणतः फलविशेषः स्यात्

१,२.१७

अन्त्ययोर् यथोक्तम्

१,२.१८

विधिर् वा स्याद् अपूर्वत्वाद् वादमात्रम ह्य् अनर्थकम्

१,२.१९

लोकवद् इति चेत्

१,२.२०

न पूर्वत्वात्

१,२.२१

उक्तं तु वाक्यशेषत्वम्

१,२.२२

विधिश् चानर्थकः क्वचित् तस्मात् स्तुतिः प्रतीयेत तत्सामान्याद् इतरेषु तथात्वम्

१,२.२३

प्रकरणे सम्भवन्नपकर्षो न कल्प्येत विध्यानर्थक्यं हि तं प्रति

१,२.२४

विधौ च वाक्यभेदः स्यात्

१,२.२५

हेतुर् वा स्याद् अर्थवत्वोपपत्तिभ्याम्

१,२.२६

स्थितिस् तु शब्दपूर्वत्वादचोदनाच तस्य

१,२.२७

व्यर्थे स्तुतिर् अन्याय्येति चेत्

१,२.२८

अर्थस् तु विधिशेषत्वाद् यथा लोके

१,२.२९

यदि च हेतुर् अवतिष्ठेत निर्देशात् सामान्याद् इति चेद् अवस्था विधीनां स्यात्

१,२.३०

तदर्थशास्त्रात्

१,२.३१

वाक्यनियमात्

१,२.३२

बुद्धिशास्त्रात्

१,२.३३

अविद्यमानवचनात्

१,२.३४

अचेतनेऽर्थबन्धनात्

१,२.३५

अर्थविप्रतिषेधात्

१,२.३६

स्वाध्यायवद्वचनात्

१,२.३७

अविज्ञेयात्

१,२.३८

अनित्यसंयोगान् मन्त्रार्थानर्थक्यम्

१,२.३९

अविशिष्टस् तु वाक्यार्थः

१,२.४०

गुणार्थेन पुनः श्रुतिः

१,२.४१

परिसंख्या

१,२.४२

अर्थवादो वा

१,२.४३

अविरुद्धं परम्

१,२.४४

संप्रैषे कर्मगर्हानुपालम्भः संस्कारत्वात्

१,२.४५

अभिधानेऽर्थवादः

१,२.४६

गुणाद् अप्रतिषेधः स्यात्

१,२.४७

विद्यावचनम् असंयोगात्

१,२.४८

सतः परमविज्ञानम्

१,२.४९

उक्तश् चानित्यसंयोगः

१,२.५०

लिङ्गोपदेशश् च तदर्थवत्

१,२.५१

ऊहः

१,२.५२

विधिशब्दाश् च

१,२.५३

धर्मस्य शब्दमूलत्वाद् अशब्दम् अनपेक्षं स्यात्

१,३.१

अपि वा कर्तृसामान्यात् प्रमाणम् अनुमानं स्यात्

१,३.२

विरोधे त्व् अनपेक्ष्यं स्याद् असति ह्य् अनुमानम्

१,३.३

हेतुदर्शनाच् च

१,३.४

शिष्टाकोपेऽविरुद्धम् इति चेत्

१,३.५

न शास्त्रपरिमाणत्वात्

१,३.६

अपि वा कारणग्रहणे प्रयुक्तानि प्रतीयेरन्

१,३.७

तेष्व् अदर्शनाद् विरोधस्य समा विप्रतिपत्तिः स्यात्

१,३.८

शास्त्रस्था वा तन्निमित्तत्वात्

१,३.९

चोदितं तु प्रतीयेताविरोधात् प्रमाणेन

१,३.१०

प्रयोगशास्त्रम् इति चेत्

१,३.११

नासन्नियमात्

१,३.१२

अवाक्यशेषाच् च

१,३.१३

सर्वत्र च प्रयोगात् सन्निधानशास्त्राच् च

१,३.१४

अनुमानव्यवस्थानात् तत्संयुक्तं प्रमाणं स्यात्

१,३.१५

अपि वा सर्व धर्मः स्यात् तन्न्यायत्वाद् विधानस्य

१,३.१६

दर्शनाद् विनियोगः स्यात्

१,३.१७

लिङ्गाभावाच् च नित्यस्य

१,३.१८

आख्या हि देशसंयोगात्

१,३.१९

न स्याद् देशान्तरेष्व् इति चेत्

१,३.२०

स्याद्योगाख्या हि माथुरवत्

१,३.२१

कर्मधर्मो वा प्रवणवत्

१,३.२२

तुल्यं तु कर्तृधर्मेण

१,३.२३

प्रयोगोत्पत्यशास्त्रत्वाच् छब्देषु न व्यवस्था स्यात्

१,३.२४

शब्दे प्रयत्ननिष्पत्तेर् अपराधस्य भागित्वम्

१,३.२५

अन्यायश् चानेकशब्दत्वम्

१,३.२६

तत्र तत्त्वम् अभियोगविशेषात् स्यात्

१,३.२७

तदशक्तिश् चानुरूपत्वात्

१,३.२८

एक देशत्वाच् च विभाक्तिव्यत्यये स्यात्

१,३.२९

प्रयोगचोदनाभावाद् अर्थैकत्वम् अविभागात्

१,३.३०

अद्रव्यशब्दत्वात्

१,३.३१

अन्यदर्शनाच् च

१,३.३२

आकृतिस् तु क्रियार्थत्वात्

१,३.३३

न क्रिया स्याद् इति चेदर्थान्तरे विधानं न द्रव्यम् इति चेत्

१,३.३४

तदर्थत्वात् प्रयोगस्याविभागः

१,३.३५

उक्तं समाम्नायैदम् अर्थ्यं तस्मात् सर्वं तदर्थं स्यात्

१,४.१

अपि वा नामधेयं स्याद् यदुत्पत्तावपूर्वम् अविधायकत्वात्

१,४.२

यस्मिन् गुणोपदेशः प्रधानतोऽभिसम्बन्धः

१,४.३

तत्प्रख्यञ् चान्यशास्त्रम्

१,४.४

तद्व्यपदेशं च

१,४.५

नामधेये गुणश्रुतेः स्याद् विधानम् इति चेत्

१,४.६

तुल्यत्वात् क्रिययोर् न

१,४.७

ऐकशब्द्ये परार्थवत्

१,४.८

तद्गुणास् तु विधायेर् अन्नविभागाद् विधानार्थे न चेद् अन्येन शिष्टाः

१,४.९

बर्हिराज्ययोर् असंस्कारे शब्दलाभाद् अतच्छब्दः

१,४.१०

प्रोक्षणीष्व् अर्थसंयोगात्

१,४.११

तथानिर्मन्थ्ये

१,४.१२

वैश्वदेवे विकल्प इति चेत्

१,४.१३

न वा प्रकरणात् प्रत्यक्षविधानाच् च न हि प्रकरणं द्रव्यस्य

१,४.१४

मिथश् चानर्थसम्बन्धः

१,४.१५

परार्थत्वाद् गुणानाम्

१,४.१६

पूर्ववन्तोऽविधानार्थास् तत्सामर्थ्यं समाम्नाये

१,४.१७

गुणस्य तु विधानार्थे तद्गुणाः प्रयोगे स्युर् अनर्थका न हि तं प्रत्यर्थवत्तास्ति

१,४.१८

तच्छेषो नोपपद्यते

१,४.१९

अविभागाद् विधानार्थे स्तुत्यर्थेनोपपद्येरन्

१,४.२०

कारणं स्याद् इति चेत्

१,४.२१

आनर्थक्याद् अकारणं कर्तुर् हि कारणानि गुणार्थो हि विधीयते

१,४.२२

तत्सिद्धिः

१,४.२३

जातिः

१,४.२४

सारूप्यात्

१,४.२५

प्रशंसा

१,४.२६

भूमा

१,४.२७

लिङ्गसमवायात्

१,४.२८

सन्दिग्धेषु वाक्यशेषात्

१,४.२९

अर्थाद् वा कल्पनैकदेशत्वात्

१,४.३०

<u>अध्याय २</u>

भावार्थाः कर्मशब्दास् तेभ्यः क्रिया प्रतीयेतैष ह्य् अर्थो विधीयते

२,१.१

सर्वेषां भावोऽर्थ इति चेत्

२,१.२

येषाम् उत्पत्तौ स्वे प्रयोगे रूपोपलब्धिस् तानि नामानि तस्मात् तेभ्यः
पराकाङ्क्षा भूतत्वात् स्वे प्रयोगे

२,१.३

येषां तूत्पत्ताव् अर्थे स्वे प्रयोगो न विद्यते तान्य् आख्यातानि तस्मात् तेभ्यः
प्रतीयेताश्रितत्वात् प्रयोगस्य

२,१.४

चोदना पुनर् आरम्भः

२,१.५

तानि द्वैधं गुणप्रधानभूतानि

२,१.६

यैर् द्रव्यं न चिकीर्ष्यते तानि प्रधानभूतानि द्रव्यस्य गुणभूतत्वात्

२,१.७

यैस् तु द्रव्यं चिकीर्ष्यते गुणस् तत्र प्रतीयेत तस्य द्रव्यप्रधानत्वात्

२,१.८

धर्ममात्रे तु कर्म स्याद् अनिर्वृत्तेः प्रयाजवत्

२,१.९

तुल्यश्रुतित्वाद् वेतरैः सधर्मः स्यात्

२,१.१०

द्रव्योपदेश इति चेत्

२,१.११

न तदर्थत्वाल् लोकवत् तस्य च शेषभूतत्वात्

२,१.१२

स्तुतशस्त्रयोस् तु संस्कारो याज्यावद् देवताभिधानत्वात्

२,१.१३

अर्थेन त्व् अपकृष्येत देवतानाम् अचोदनार्थस्य गुणभूतत्वात्

२,१.१४

वशावद् वा गुणार्थं स्यात्

२,१.१५

न श्रुतिसमवायित्वात्

२,१.१६

व्यपदेशभेदाच् च

२,१.१७

गुणश् चानर्थकः स्यात्

२,१.१८

तथा याज्यापुरोरुचोः

२,१.१९

वशायाम् अर्थसमवायात्

२,१.२०

यच् चेति वार्थवत्त्वात् स्यात्

२,१.२१

न त्वाम्नातेषु

२,१.२२

दृश्यते

२,१.२३

अपि वा श्रुतिसंयोगात् प्रकरणे स्तौतिशंसती क्रियोत्पात्तिं विदध्याताम्

२,१.२४

शब्दपृथक्त्वाच् च

२,१.२५

अनर्थकं च तद्वचनम्

२,१.२६

अन्यश् चार्थः प्रतीयते

२,१.२७

अभिधानं च कर्मवत्

२,१.२८

फलनिर्वृत्तिश् च

२,१.२९

विधिमन्त्रयोर् ऐकार्थ्यम् ऐकशब्द्यात्

२,१.३०

अपि वा प्रयोगसामर्थ्यान् मन्त्रोऽभिधानवाची स्यात्

२,१.३१

तच्चोदकेषु मन्त्राख्या

२,१.३२

शेषे ब्राह्मणशब्दः

२,१.३३

अनाम्नातेष्व् अमन्त्रत्वमाम्नातेषु हि विभागः

२,१.३४

तेषाम् ऋग्यत्रार्थवशेन पादव्यवस्था

२,१.३५

गीतिषु स माख्या

२,१.३६

शेषे यजुः शब्दाः

२,१.३७

निगदो वा चतुर्थं स्याद् धर्मविशेषात्

२,१.३८

व्यपदेशाच् च

२,१.३९

यजूंषि वा तद्रूपत्वात्

२,१.४०

वचनाद् धर्मविशेषः

२,१.४१

अर्थाच् च

२,१.४२

गुणार्थो व्यपदेशः

२,१.४३

सर्वेषाम् इति चेत्

२,१.४४

न, ऋग्व्यपदेशात्

२,१.४५

अर्थैकत्वाद् एकं वाक्यं साकाङ्क्षं चेद् विभागे स्यात्

२,१.४६

समेषु वाक्यभेदः स्यात्

२,१.४७

अनुषङ्गो वाक्यसमाप्तिः सर्वेषु तुल्ययोगित्वात्

२,१.४८

व्यवायान् नानुषज्येत

२,१.४९

शब्दान्तरे कर्मभेदः कृतानुबन्धत्वात्

२,२.१

एकस्यैवं पुनः श्रुतिर् अविशेषाद् अनर्थकं हि स्यात्

२,२.२

प्रकरणं तु पौर्णमास्यां रूपावचनात्

२,२.३

विशेषदर्शनाच् च सर्वेषां समेषु ह्य् अप्रवृत्तिः स्यात्

२,२.४

गुणस् तु श्रुतिसंयोगात्

२,२.५

चोदना वा गुणानां युगपच्छास्त्राच् चोदिते हि तदर्थत्वात् तस्यतस्योपदिश्येत

२,२.६

व्यपदेशश् च तद्वत्

२,२.७

लिङ्गदर्शनाच् च

२,२.८

पौर्णमासीवद् उपांशुयाजः स्यात्

२,२.९

चोदना वाप्रकृतत्वात्

२,२.१०

गुणोपबन्धात्

२,२.११

प्राये वचनाच् च

२,२.१२

आघाराग्निहोत्रम् अरूपत्वात्

२,२.१३

संज्ञोपबन्धात्

२,२.१४

अप्रकृतत्वाच् च

२,२.१५

चोदना वा शब्दार्थस्य प्रयोगभूतत्वात् तत्सन्निधेर् गुणार्थेन पुनः श्रुतिः

२,२.१६

द्रव्यसंयोगाच् चोदना पशुसोमयोः प्रकरणे ह्य् अनर्थको द्रव्यसंयोगो न हि तस्य गुणार्थेन

२,२.१७

अचोदकाश् च संस्काराः

२,२.१८

तद्भेदात् कर्मणोऽभ्यासो द्रव्यपृथक्त्वाद् अनर्थकं हि स्याद् भेदो द्रव्यगुणीभावात्

२,२.१९

संस्कारस् तु न भिद्येत परार्थत्वाद् द्रव्यस्य गुणभूतत्वात्

२,२.२०

पृथक्त्वनिवेशात् संख्यया कर्मभेदः स्यात्

२,२.२१

संज्ञा चोत्पत्तिसंयोगात्

२,२.२२

गुणाश् चापूर्वसंयोगे वाक्योः समत्वात्

२,२.२३

अगुणे तु कर्मशब्दे गुणस् तत्र प्रतीयेत

२,२.२४

फलश्रुतेस् तु कर्म स्यात् फलस्य कर्मयोगित्वात्

२,२.२५

अतुल्यत्वात् तु वाक्ययोर् गुणे तस्य प्रतीयेत

२,२.२६

समेषु कर्मयुक्तं स्यात्

२,२.२७

सौभरे पुरुषश्रुतेर् निधनं कामसंयोगः

२,२.२८

सर्वस्य वोक्तकामत्वात् तस्मिन् कामश्रुतिः स्यान् निधनार्था पुनः श्रुतिः

२,२.२९

गुणस् तु क्रतुसंयोगात् कर्मान्तरं प्रयोजयेत् संयोगस्याशेषभूत्वात्

२,३.१

एकस्य तु लिङ्गभेदात् प्रयोजनार्थम् उच्येतैकत्वं गुणवाक्यत्वात्

२,३.२

अवेष्टौ यज्ञसंयोगात्क्रतुप्रधानमुच्यते

२,३.३

आधाने सर्वशेषत्वात्

२,३.४

अयनेषु चोदनान्तरं संज्ञोपबन्धात्

२,३.५

अगुणाच् च कर्मचोदना

२,३.६

समाप्तं च फले वाक्यम्

२,३.७

विकारो वा प्रकरणात्

२,३.८

लिङ्गदर्शनाच् च

२,३.९

गुणात् संज्ञोपबन्धः

२,३.१०

समाप्तिर् अविशिष्टा

२,३.११

रांस्कारश् चाप्रकरणेऽकर्मशब्दत्वात्

२,३.१२

यावद् उक्तं वा कर्मणः श्रुतिमूलत्वात्

२,३.१३

यजतिस् तु द्रव्यफलभोक्तृसंयोगाद् एतेषां कर्मसम्बन्धात्

२,३.१४

लिङ्गदर्शनाच् च

२,३.१५

विषये प्रायदर्शनात्

२,३.१६

अर्थवादोपपत्तेश् च

२,३.१७

संयुक्तस् त्व् अर्थशब्देन तदर्थः श्रुतिसंयोगात्

२,३.१८

पात्नीवते तु पूर्वत्वाद् अवच्छेदः

२,३.१९

अद्रव्यत्वात् कवेले कर्मशेषः स्यात्

२,३.२०

अग्निस् तु लिङ्गदर्शनात् क्रतुशब्दः प्रतीयेत

२,३.२१

द्रव्यं वा स्याच् चोदनायास् तदर्थत्वात्

२,३.२२

तत्संयोगात् क्रतुस् तदाख्यः स्यात् तेन धर्मविधानानि

२,३.२३

प्रकरणान्तरे प्रयोजनान्यत्वम्

२,३.२४

फलं चाकर्मसंनिधौ

२,३.२५

संनिधौ त्व् अविभागात् फलार्थेन पुनः श्रुतिः

२,३.२६

आग्नेयसूक्तहेतुत्वाद् अभ्यासेन प्रतीयेत

२,३.२७

अविभागात् तु कर्मणां द्विरुक्तेर् न विधीयते

२,३.२८

अन्यार्था वा पुनः श्रुतिः

२,३.२९

यावज्जीविकोऽभ्यासः कर्मधर्मः प्रकरणात्

२,४.१

कर्तुर् वा श्रुतिसंयोगात्

२,४.२

लिङ्गदर्शनाच् च कर्मधर्मे हि प्रक्रमेण नियम्येत तत्रानर्थकम् अन्यत् स्यात्

२,४.३

व्यपवर्गं च दर्शयति कालश् चेत् कर्मभेदः स्यात्

२,४.४

अनित्यत्वात् तु नैवं स्यात्

२,४.५

विरोधश् चापि पूर्ववत्

२,४.६

कर्तुस् तु धर्मनियमात् कालशास्त्रं निमित्तं स्यात्

२,४.७

नामरूपधर्मविशेषपुनरुक्तिनिन्दाशाक्तिसमाप्तिवचनप्रायश्चित्तान्यार्थदर्शनाच्
छाखान्तरेषु कर्मभेदः स्यात्

२,४.८

एकं वा संयोगरूपचोदनाख्याविशेषात्

२,४.९

न नाम्ना स्याद् अचोदनाभिधानत्वात्

२,४.१०

सर्वेषां चैककर्म्यं स्यात्

२,४.११

कृतकं चाभिधानम्

२,४.१२

एकत्वेऽपि परम्

२,४.१३

विद्यायां धर्मशास्त्रम्

२,४.१४

अग्नेयवत्पुनर्वचनम्

२,४.१५

अद्विर्वचनं वा श्रुतिसंयोगाविशेषात्

२,४.१६

अर्थासन्निधेश् च

२,४.१७

न चैकं प्रतिशिष्यते

२,४.१८

समाप्तिवच् च संप्रेक्षा

२,४.१९

एकत्वेऽपि पराणि निन्दाशक्तिसमाप्तिवचनानि

२,४.२०

प्रायश्चित्तं निमित्तेन

२,४.२१

प्रक्रमाद् वा नियोगेन

२,४.२२

समाप्तिः पूर्ववत्त्वाद्यथाज्ञाते प्रतीयेत

२,४.२३

लिङ्गमविशिष्टं सर्वशेषत्वान् न हि तत्र कर्मचोदना तस्मात् द्वादशाहस्याहारव्यपदेशः स्यात्

२,४.२४

द्रव्ये चाचोदितत्वाद् विधीनाम् अव्यवस्था स्यान् निर्देशाद् व्यतिष्ठेत तस्मान् नित्यानुवादः स्यात्

२,४.२५

विहितप्रतिषेधात् पक्षेऽतिरेकः स्यात्

२,४.२६

सारस्वते विप्रतिषेधाद्यदेति स्यात्

२,४.२७

उपहव्येऽप्रतिप्रसवः

२,४.२८

गुणार्था वा पुनः श्रुतिः

२,४.२९

प्रत्ययं चापि दर्शयति

२,४.३०

अपि वा क्रमसंयोगाद् विधिपृथक्त्वम् एकस्यां व्यवतिष्ठेत

२,४.३१

विरोधिना त्व् असंयोगाद् ऐककर्म्ये तत्संयोगाद् विधीनां सर्वकर्मप्रत्ययः स्यात्

२,४.३२

अध्याय ३

अथातः शेषलक्षणम्

३,१.१

शेषः परार्थत्वात्

३,१.२

द्रव्यगुणसंस्कारेषु बादरिः

३,१.३

कर्माण्यपि जैमिनिः फलार्थत्वात्

३,१.४

फलं च पुरुषार्थत्वात्

३,१.५

पुरुषश् च कर्मार्थत्वात्

३,१.६

तेषाम् अर्थेन सबन्धः

३,१.७

विहितस् तु सर्वधर्मः स्यात् संयोगतोऽविशेषात् प्रकरणाविशेषाच् च

३,१.८

अर्थलोपाद् अकर्म स्यात्

३,१.९

फलं तु सह चेष्टया शब्दार्थोऽभावाद् विप्रयोगे स्यात्

३,१.१०

द्रव्यं चोत्पत्तिसंयोगात् तद् अर्थम् एव चोद्येत

३,१.११

अर्थैकत्वे द्रव्यगुणयोर् ऐककर्म्यान् नियमः स्यात्

३,१.१२

एकत्वयुक्तम् एकस्य श्रुतिसंयोगात्

३,१.१३

सर्वेषां वा लक्षणत्वाद् अविशिष्टं हि लक्षणम्

३,१.१४

चोदितेतुपरार्थत्वाद् यथाश्रुति प्रतीयेता

३,१.१५

संस्काराद् वागुणानाम् अव्यवस्था स्यात्

३,१.१६

व्यवस्थावार्थस्य श्रुतिसंयोगात् तस्य शब्द प्रमाणत्वात्

३,१.१७

आनर्थक्यात्तदङ्गेषु

३,१.१८

कर्तृगुणे तु कर्मासमवायाद् वाक्यभेदः स्यात्

३,१.१९

साकाङ्क्षं त्व् एकवाक्यं स्याद् असमाप्तं हि पूर्वेण

३,१.२०

सन्दिग्धे तुब्यवायाद् वाक्यभेदः स्यात्

३,१.२१

गुणानां च परार्थत्वाद् असम्बन्धः समत्वात् स्यात्

३,१.२२

मिथश् चानर्थसम्वन्धात्

३,१.२३

आनन्तर्यम् अचोदना

३,१.२४

बाक्यानां च समाप्तत्वात्

३,१.२५

शेषस् तु गुणसंयुक्तः साधारणः प्रतीयेत मिथस् तेषाम् असम्बन्धात्

३,१.२६

व्यवस्था वार्थसंयोगाल् लिङ्गस्यार्थेन सम्बन्धाल्लक्षणार्था गुणश्रुतिः

३,१.२७

अर्थाभिधानसामर्थ्यान् मन्त्रेषु शेषभावः स्यात् तस्माद् उत्पत्तिसम्बन्धोऽर्थेन नित्यसंयोगात्

३,२.१

संस्कारकत्वाद् अचोदितेन स्यात्

३,२.२

वचनात् त्व् अयथार्थम् ऐन्द्री स्यात्

३,२.३

गुणाद् वाप्य् अभिधानं स्यात् सम्बन्धस्याशास्त्रहेतुत्वात्

३,२.४

तथाहवानम् अपीति चेत्

३,२.५

नकालविधिश् चोदितत्वात्

३,२.६

गुणाभावात्

३,२.७

लिङ्गाच् च

३,२.८

विधिकोपश् चोपदेशे स्यात्

३,२.९

तथोत्थानविसर्जने

३,२.१०

सूक्तवाके च कालविधिः परार्थत्वात्

३,२.११

उपदेशो वा याज्याशब्दो हि नाकस्मात्

३,२.१२

सदेवतार्थस् तत्संयोगात्

३,२.१३

प्रतिपत्तिर् इति चेत् स्विष्टकृद्वदुभयसंस्कारः स्यात्

३,२.१४

कृत्स्नोपदेशाद् उभयत्र सर्ववचनम्

३,२.१५

यथार्थं वा शेषभूतसंस्कारात्

३,२.१६

वचनाद् इति चेत्

३,२.१७

प्रकरणाविभागाद् उभे प्रति कृत्स्नशब्दः

३,२.१८

लिङ्गक्रमसमाख्यानात् काम्ययुक्तं समामनानम्

३,२.१९

अधिकारे च मन्त्रविधिर् अतदाख्येषु शिष्टत्वात्

३,२.२०

तदाख्यो वा प्रकरणोपपत्तिभ्याम्

३,२.२१

अनर्थकश् चोपदेशः स्याद् असम्बन्धात् फलवता न ह्य् उपस्थानं फलवत्

३,२.२२

सर्वेषां चोपदिष्टत्वात्

३,२.२३

लिङ्गसमाख्यानाभ्यां भक्षार्थतानुवाकस्य

३,२.२४

तस्य रूपोपदेशाभ्याम् अपकर्षोऽर्थस्य चोदितत्वात्

३,२.२५

गुणाभिधानान् मन्द्रादिर् एकमन्त्रः स्यात् तयोर् एकार्थसंयोगात्

३,२.२६

लिङ्गविशेषनिर्देशात् समानविधानेष्व् अनैन्द्राणाम् अमन्त्रत्वम्

३,२.२७

यथादेवतं वा तत्प्रकृतित्वं हि दर्शयति

३,२.२८

पुनरभ्युन्नीतेषु सर्वेषाम् उपलक्षणं द्विशेषत्वात्

३,२.२९

अनयाद् वा पूर्वस्यानुपलक्षणम्

३,२.३०

ग्रहणाद् वापनयः स्यात्

३,२.३१

पात्नीवते तु पूर्ववत्

३,२.३२

ग्रहणाद् वापनीतं स्यात्

३,२.३३

त्वष्टारं तूपलक्षयेत् पानात्

३,२.३४

अतुल्यत्वात् तु नैवं स्यात्

३,२.३५

त्रिंशच् च परार्थत्वात्

३,२.३६

वषट्कारश् च कर्तृवत्

३,२.३७

छन्दः प्रतिषेधस् तु सर्वगामित्वात्

३,२.३८

ऐन्द्राग्ने तु लिङ्गभाबात् स्यात्

३,२.३९

एकस्मिन् वा देवतान्तराद् विभागवत्

३,२.४०

छन्दश् च देवतावत्

३,२.४१

सर्वेषु वाभावाद् एकच्छन्दसः

३,२.४२

सर्वेषां वैकमन्त्र्यम् ऐतिशायनस्य भक्तिपानत्वात् सवनाधिकारो हि

३,२.४३

श्रुतेर् जाताधिकारः स्यात्

३,३.१

वेदो वा प्रायदर्शनात्

३,३.२

लिङ्गाच् च

३,३.३

धर्मोपदेशाच् च न हि द्रव्येण सम्बन्धः

३,३.४

त्रयीविद्याख्या च तद्विद् धि

३,३.५

व्यक्तिक्रमे यथाश्रुतीति चेत्

३,३.६

न सर्वस्मिन् निवेशात्

३,३.७

वेदसंयोगान् न प्रकरणेन बाध्यते

३,३.८

गुणमुख्यव्यतिक्रमे तदर्थत्वान् मुख्येन वेदसंयोगः

३,३.९

भूयस्त्वेनोभयश्रुति

३,३.१०

असंयुक्तं प्रकरणाद् इति कर्तव्यतार्थित्वात्

३,३.११

क्रमश् च देशसामान्यात्

३,३.१२

आख्या चैवम तदर्थत्वात्

३,३.१३

श्रुति

लिङ्ग

अहीनो वा प्रकरणाद् गौणः

३,३.१५

असंयोगात् तु मुख्यस्य तस्माद् अपकृष्येत

३,३.१६

द्वित्वबहुत्वयुक्तं वा चोदनात् तस्य

३,३.१७

पक्षेणार्थकृतस्येति चेत्

३,३.१८

नकृतेर् एकसंयोगात्

३,३.१९

जाघनी चैकदेशत्वात्

३,३.२०

चोदना वापूर्वत्वात्

३,३.२१

एकदेश इति चेत्

३,३.२२

न प्रकृतेर् अशास्त्रनिष्पत्तेः

३,३.२३

सन्तर्दनं प्रकृतौ क्रयणवदनर्थलोपात् स्यात्

३,३.२४

उत्कर्षो वा ग्रहणाद् विशेषस्य

३,३.२५

कर्तृतो वा विशेषस्य तन्निमित्तत्वात्

३,३.२६

क्रतुतो वार्थवादान् उपपत्तेः स्यात्

३,३.२७

संस्थाश् च कर्तृवद् धारणार्थाविशेषात्

३,३.२८

उक्थ्यादिषु वार्थस्य विद्यमानत्वात्

३,३.२९

अविशेषात् स्तुतिर् व्यर्थेति चेत्

३,३.३०

स्याद् अनित्यत्वात्

३,३.३१

सङ्ख्यायुक्तं क्रतोः प्रकरणात् स्यात्

३,३.३२

नैमित्तिकं वा कर्तृसंयोगाल् लिङ्गस्य तन्निमित्तत्वात्

३,३.३३

पौष्णं पैषणं विकृतौ प्रतीयेताचोदनात् प्रकृतौ

३,३.३४

तत्सर्वार्थम् अविशेषात्

३,३.३५

चरौवार्थोक्तं पुरोडाशेऽर्थविप्रतिषेधात् पशौ न स्यात्

३,३.३६

चराव् अपीति चेत्

३,३.३७

न पक्तिनामत्वात्

३,३.३८

एकस्मिन्न् एकसंयोगात्

३,३.३९

धर्माविप्रतिषेधाच् च

३,३.४०

अपि वा सद्वितीये स्याद् देवतानिमित्तत्वात

३,३.४१

लिङ्गदर्शनाच् च

३,३.४२

वचनात् सर्वपेषणं तं प्रति शास्त्रवत्वाद् अर्थाभावाद् विचराव् अपेषणं भवति

३,३.४३

एकस्मिन् वार्थधर्मत्वाद् ऐन्द्राग्नव् अदुभयोर् न स्याद् अचोदितत्वात्

३,३.४४

हेतुमात्रम् अदन्तत्वम्

३,३.४५

वचनं परम्

३,३.४६

निवीताम् इति मनुष्यधर्मः शब्दस्य तत्प्रधानत्वात्

३,४.१

अपदेशो वार्थस्य विद्यमानतत्त्वात्

३,४.२

विधिस्तवर्पूर्वत्वात् स्यात्

३,४.३

स प्रायात् कर्मधर्मः स्यात्

३,४.४

वाक्यशेषत्वात्

३,४.५

तत्प्रकरणे यत् तत् संयुक्तम् अविप्रतिषेधात्

३,४.६

तत्प्रधाने वा तुल्यवत् प्रसंख्यानाद् इतरस्य तदर्थत्वात्

३,४.७

अर्थवादो वा प्रकरणात्

३,४.८

विधिना चैकवाक्यत्वात्

३,४.९

दिग्विभागश् च तद्वत् सम्बन्धस्यार्थहेतुत्वात्

३,४.१०

परुषि दितपूर्णघृतविदग्धं च तद्वत्

३,४.११

अकर्म क्रतुसंयुक्तं संयोगान् नित्यानुवादः स्यात्

३,४.१२

विधिर् वा संयोगान्तरात्

३,४.१३

अहीनवत् पुरुषस् तदर्थत्वात्

३,४.१४

प्रकरणविशेषाद् वा तद्युक्तस्य संस्कारो द्रव्यवत्

३,४.१५

व्यपदेशाद् अपकृष्येत

३,४.१६

शंयौ च सर्वपरिदानात्

३,४.१७

प्रागपरोधान् मलवद् वाससः

३,४.१८

अन्नप्रतिषेधाच् च

३,४.१९

अप्रकरणे तु तद्वर्मस् ततो विशेषात्

३,४.२०

अद्रव्यत्वात् तु शेषः स्यात्

३,४.२१

वेदसंयोगात्

३,४.२२

द्रव्यसंयोगाच् च

३,४.२३

स्याद् वास्य संयोगवत् फलेन सम्बन्धस् तस्मात् कर्मैतिशायनः

३,४.२४

शेषाः प्रकरणेऽविशेषात् सर्वकर्मणाम्

३,४.२५

होमास् तु व्यवतिष्ठेर् अन्नाहवनीयसंयोगात्

३,४.२६

शेषश् च समाख्यानात्

३,४.२७

दोषात् त्व् इष्टिर् लौकिके स्याच् छास्त्राद् धि वैदिक न दोषः स्यात्

३,४.२८

अर्थवादो वानुपपातत् तस्माद् यज्ञे प्रतीयेत

३,४.२९

अचोदित च कर्मभेदात्

३,४.३०

लिङ्गाद् आर्त्विजे स्यात्

३,४.३१

पानव्यापच् च तद्वत्

३,४.३२

दोषात् तु वैदिके स्याद् अर्थाद् धि लौकिके न दोषः स्यात्

३,४.३३

तत्सर्वत्राविशेषात्

३,४.३४

स्वामिनो वा तदर्थत्वात्

३,४.३५

लिङ्गदर्शनाच् च

३,४.३६

सर्वप्रदानं हविषस् तदर्थत्वात्

३,४.३७

निरवदानात् तु शेषः स्यात्

३,४.३८

उपायो वा तदर्थत्वात्

३,४.३९

कृतत्वात् तु कर्मणः सकृत् स्याद् द्रव्यस्य गुणभूतत्वात्

३,४.४०

शेषदर्शनाच् च

३,४.४१

अप्रयोजकत्वाद् एकस्मात् क्रियेरञ् छेषस्य गुणभूतत्वात्

३,४.४२

संस्कृतत्वाच् च

३,४.४३

सर्वेभ्यो वा कारणाविशेषात् संस्कारस्य तदर्थत्वात्

३,४.४४

लिङ्गदर्शनाच् च

३,४.४५

एकस्माच् चेद् यथाकाम्यम् अविशेषात्

३,४.४६

मुख्याद् वा पूर्वकालत्वात्

३,४.४७

भक्षाश्रवणाद् दानशब्दः परिक्रये

३,४.४८

तत्संस्तवाच् च

३,४.४९

भक्षार्थो वा द्रव्ये समत्वात्

३,४.५०

व्यादेशाद् दानसंस्तुतिः

३,४.५१

आज्याच् च सर्वसंयोगात्

३,५.१

कारणाच् च

३,५.२

एकस्मिन्त् समवत्तशब्दात्

३,५.३

आज्ये च दर्शनात्स्विष्टकृदर्थवदस्य

३,५.४

अशेषत्वात् तु नैवं स्यात् सर्वादानाद् अशेषता

३,५.५

साधारण्यान् न ध्रुवायां स्यात्

३,५.६

अवत्तत्वाच् च जुह्वां तस्य च होमसंयोगात्

३,५.७

चमसवद् इति चेत्

३,५.८

न चोदनाविरोधाद् धविः प्रकल्पनात्वाच् च

३,५.९

उत्पन्नाधिकारात् सति सर्ववचनम्

३,५.१०

जातिविशेषात् परम्

३,५.११

अन्त्यम् अरेकार्थे

३,५.१२

साकम्प्रस्थाय्ये स्विष्टकृद् इडं च तद्वत्

३,५.१३

सौत्रामण्यां च ग्रहेषु

३,५.१४

तद्वच् च शेषवचनम्

३,५.१५

द्रव्यैकत्वे कर्मभेदात् प्रतिकर्म क्रियेरन्

३,५.१६

अविभागाच् च शेषस्य सर्वान् प्रत्यविशिष्ठत्वात्

३,५.१७

ऐन्द्रवायवे तु वचनात् प्रतिकर्म भक्षः स्यात्

३,५.१८

सोमेऽवचनाद् भक्षो न विद्यते

३,५.१९

स्याद् वान्यार्थदर्शनात्

३,५.२०

वचनानि त्व् अपूर्वत्वात् तस्माद् यथोपदेशं स्युः

३,५.२१

चमसेषु समाख्यानात् संयोगस्य तन्निमित्तत्वात्

३,५.२२

उद्गातृचमसमेकः श्रुतिसंयोगात्

३,५.२३

सर्वे वा सर्वसंयोगात्

३,५.२४

स्तोत्रकारिणां वा तत्संयोगाद् बहुश्रुतेः

३,५.२५

सर्वे तु वेदसंयोगात् कारणाद् एकदेशे स्यात्

३,५.२६

ग्रावस्तुतो भक्षो न विद्यतेऽनाम्नानात्

३,५.२७

हारियोजने वा सर्वसंयोगात्

३,५.२८

चमसिनां वा सन्निधानात्

३,५.२९

सर्वेषां तु विधित्वात् तदर्था चमसिश्रुतिः

३,५.३०

वषट्काराच् च भक्षयेत्

३,५.३१

होमाभिषबाभ्यां च

३,५.३२

प्रत्यक्षोपदेशाच् चमसानाम् अव्यक्तः शेषे

३,५.३३

स्याद् वा कारणभावाद् अनिर्देशश् चमसानां कर्तुस् तद्वचनत्वात्

३,५.३४

चमसे चान्यदर्शनात्

३,५.३५

एकपात्रे क्रमाद् अध्वर्युः पूर्वो भक्षयेत्

३,५.३६

होता वा मन्त्रवर्णात्

३,५.३७

वचनाच् च

३,५.३८

कारणानुपूर्व्याच् च

३,५.३९

वचनाद् अनुज्ञातभक्षणम्

३,५.४०

तदुपहूत उपह्वयस्वेत्य् अनेनानुज्ञापयेलिङ्गात्

३,५.४१

तत्रार्थात् प्रतिवचनम्

३,५.४२

तदेकत्राणां समवायात्

३,५.४३

याज्यापनयेनापनीतो भक्षः प्रवरवत्

३,५.४४

यष्टुर् वा कारणागमात्

३,५.४५

प्रवृत्तत्वात् प्रवरस्यानपायः

३,५.४६

फलचमसो नैमित्तिको भक्षविकारः श्रुतिसंयोगात्

३,५.४७

इज्याबिकारो वा संस्कारस्य तदर्थत्वात्

३,५.४८

होमात्

३,५.४९

चमसैश् च तुल्यकालत्वात्

३,५.५०

लिङ्गदर्शनाच् च

३,५.५१

अनुप्रसर्पिषु सामान्यात्

३,५.५२

ब्रह्मणा वा तुल्यशब्दत्वात्

३,५.५३

तत् सर्वार्थम् अप्रकरणात्

३,६.१

प्रकृतौ वाद्विरुक्तत्वात्

३,६.२

तद्वर्जं तु वचनप्राप्ते

३,६.३

दर्शनाद् इति चेत्

३,६.४

न चोदनैकार्थ्यात्

३,६.५

उत्पत्तिर् इति चेत्

३,६.६

न तुल्यत्वात्

३,६.७

चोदनार्थकात्स्न्र्यात् तु मुख्यविप्रतिषेधात् प्रकृत्यर्थः

३,६.८

प्रकरणविशेषात् तु विकृतौ विरोधि स्यात्

३,६.९

नैमित्तिकं तु प्रकृतौ तद्विकारः संयोगविशेषात्

३,६.१०

इष्टयर्थमग्न्याधेयं प्रकरणात्

३,६.११

न वा तासां तदर्थत्वात्

३,६.१२

लिङ्गदर्शनाच् च

३,६.१३

तत्प्रकृत्यर्थं यथान्येऽनारभ्यवादाः

३,६.१४

सर्वार्थ वाग्न्यधानस्य स्वकालत्वात्

३,६.१५

तासाम् अग्निः प्रकृतितः प्रयाजवत् स्यात्

३,६.१६

न वा तासां तदर्थत्वात्

३,६.१७

तुल्यः सर्वेषां पशुविधिः प्रकरणाविशेषात्

३,६.१८

स्थानाच् च पूर्वस्य

३,६.१९

श्वस् त्व् एकेषां तत्र प्राक्श्रुतिर् गुणार्था

३,६.२०

तेनोत्कृष्टस्य कालविधिर् इति चेत्

३,६.२१

नैकदेशत्वात्

३,६.२२

अर्थेनेति चेत्

३,६.२३

न श्रुतिविप्रतिषेधात्

३,६.२४

स्थानात् तु पूर्वस्य संस्कारस्य तदर्थत्वात्

३,६.२५

लिङ्गदर्शनाच् च

३,६.२६

अचोदना गुणार्थेन

३,६.२७

दोहयोः कालभेदाद् असंयुक्तं शृतं स्यात्

३,६.२८

प्रकरणविभागाद् वा तत्संयुक्तस्य कालशास्त्रम्

३,६.२९

तद्वत् सवनान्तरे ग्रहाम्नानम्

३,६.३०

रशना च लिङ्गदर्शनात्

३,६.३१

आराच् छिष्टम् असंयुक्तम् इतरैः सन्निधानात्

३,६.३२

संयुक्तं वा तदर्थत्वाच् छेषस्य तन्निमित्तत्वात्

३,६.३३

निर्देशाद् व्यवतिष्ठेत

३,६.३४

अग्न्यङ्गम् अप्रकरणे तद्वत्

३,६.३५

नैमित्तिकम् अतुल्यत्वाद् असमानविथानां स्यात्

३,६.३६

प्रतिनिधिश् च मिमांसा

३,६.३७

तद्वत्प्रयोजनैकत्वात्

३,६.३८

अशास्त्रलक्षणत्वाच्च

३,६.३९

नियमार्था गुणश्रुतिः

३,६.४०

संस्थास् तु समानविधानाः प्रकरणाविशेषात्

३,६.४१

व्यपदेशश् च तुल्यवत्

३,६.४२

विकासस् तु कामसंयोगे नित्यस्य समत्वात्

३,६.४३

अपि वा द्विरुक्तत्वात् प्रकृतेर् भविष्यन्तीति

३,६.४४

बचनात् तु समुच्चयः

३,६.४५

प्रतिषेधाच् च पूर्वलिङ्गनाम्

३,६.४६

गुणविशेषाद् एकस्य व्यपदेशः

३,६.४७

प्रकरणविशेषाद् असंयुक्तं प्रधानस्य

३,७.१

सर्वेषां वा शेषत्वस्याततप्रयुक्तत्वात्

३,७.२

आरादपीति चेत्

३,७.३

न तद्वाक्यं हि तदर्थत्वात्

३,७.४

लिङ्गदर्शनाच् च

३,७.५

फलसंयोगात् तु स्वामियुक्तं प्रधानस्य

३,७.६

चिकीर्षयो च संयोगात्

३,७.७

तथाभिधानेन

३,७.८

तद्युक्ते तु फलश्रुतिस् तस्मात् सर्वचिकीर्षा स्यात्

३,७.९

गुणाभिधानात् सर्वार्थम् अभिधानम्

३,७.१०

दीक्षादक्षिणं तु वचनात् प्रधानस्य

३,७.११

निवृत्तिदर्शनाच्च

३,७.१२

तथा यूपस्य वेदि

३,७.१३

देशमात्रं वा शिष्टेनैकवाक्यत्वात्

३,७.१४

सामधेनीस् तद् अन्वाहुर् इति हविर् द्धानयोर् वचनात् सामधेनीनाम्

३,७.१५

देशमात्रं वा प्रत्यक्षं ह्य् अर्थकर्म सोमस्य

३,७.२६

समाख्यानं च तद्वत्

३,७.१७

शास्त्रफलं प्रयोक्तरि तल्लक्षणत्वात् तस्मात् स्वयं प्रयोगे स्यात्

३,७.१८

उत्सर्गे तु प्रधानत्वाच् छेषकारी प्रधानस्य तस्माद् अन्यः स्वयं वा स्यात्

३,७.१९

अन्यो वा स्यात् परिक्रयाम्नानाद् विप्रतिषेधात् प्रत्यग् आत्मनि

३,७.२०

तत्रार्थात् कर्तृपरिमाणं स्याद् अनियमोऽविशेषात्

३,७.२१

अपि वा श्रुति भेदात् प्रतिनामधेयं स्युः

३,७.१२

एकस्य कर्मभेदाद् इति चेत्

३,७.१३

नोत्पत्तौ हि

३,७.१४

चमसाध्वर्यवश् च तैर् व्यपदेशात्

३,७.१५

उत्पत्तौ तु बहुश्रुतेः

३,७.१६

दशत्वं लिङ्गदर्शनात्

३,७.१७

शमिता च शब्दभेदात्

३,७.१८

प्रकरणाद् वोत्पत्त्यसंयोगात्

३,७.२९

उपगाश् च लिङ्गदर्शनात्

३,७.३०

विक्रयी त्वन्यः कर्मणोऽचोदित्वात्

३,७.३१

कर्मकार्यात् सर्वेषाम् ऋत्विक्त्वम् अविशेषात्

३,७.३२

न वा परिसंख्यानात्

३,७.३३

पक्षेणेति चेत्

३,७.३४

न सर्वेषाम् अधिकारः

३,७.३५

नियमस् तु दक्षिणाभिः श्रुतिसंयोगात्

३,७.३६

उक्त्वा च यजमानत्वं तेषां दीक्षाबिधानात्

३,७.३७

स्वामिसप्तदशाः कर्मसामान्यात्

३,७.३८

ते सर्वार्थाः प्रयुक्तत्वाद् अग्नयश् च स्वकालत्वात्

३,७.३९

तत्सयोगात् कर्मणो व्यवस्था स्यात् संयोगास्यार्थवत्वात्

३,७.४०

तस्योपदेशसमाख्यानेन निर्देशः

३,७.४१

तद्वच् च लिङ्गदर्शम्

३,७.४२

प्रैषानुवचनं मैत्रावरुणस्योपदेशात्

३,७.४३

पुरोऽनुवाक्याधिकारो वा प्रैषसन्निधानात्

३,७.४४

प्रातर् अनुवाके च होतृदर्शनात्

३,७.४५

चमसांश्चमसाध्वर्यवः सामाख्यानात्

३,७.४६

अध्वर्युर्वा तन्न्यायत्वात्

३,७.४७

चमसे चान्यदर्शनात्

३,७.४८

अशक्तौ ते प्रतीयेरन्

३,७.४९

वेदोपदेशात् पूर्ववद्वेदान्यत्वे यथोपदेशं स्युः

३,७.५०

तद्गुणाद् वा स्वधर्मः स्याद् अधिकारसामथ्यात् सहाङ्गैर् अव्यक्तः शेषे

३,७.५१

स्वामिकर्मपरिक्रयः कर्मणस् तदर्थत्वात्

३,८.१

वचनाद् इतरेषां स्यात्

३,८.२

संस्कारास् तु पुरुषसामर्थ्ये यथावेदं कर्मवद्व्यवतिष्ठेरन्

३,८.३

याजमानास् तु तत्प्रधानत्वात् कर्मवत्

३,८.४

व्यपदेशाच् च

३,८.५

गुणत्वे तस्य निर्देशः

३,८.६

चोदना प्रति भावाच् च

३,८.७

अतुल्यत्वाद् असमानविधानाः स्युः

३,८.८

तपश् च फलसिद्धित्वाल् लोकवत्

३,८.९

वाक्यशेषश् च तद्वत्

३,८.१०

वचनाद् इतरेषां स्यात्

३,८.११

गुणत्वाच् च वेदेन न व्यवस्था स्यात्

३,८.१२

तथा कामोऽर्थसंयोगात्

३,८.१३

व्यपदेशाद् इतरेषां स्यात्

३,८.१४

मन्त्राश् चाकर्मकरणास् तद्वत्

३,८.१५

विप्रयोगे च दर्शनात्

३,८.१६

द्व्याम्नातेषूभौ द्व्याम्नानस्यार्थवत्त्वात्

३,८.१७

ज्ञाते च वाचनं न ह्य् अविद्वान् विहितोऽस्ति

३,८.१८

याजमाने समाख्यानात् कर्माणि याजमानं स्युः

३,८.१९

अध्वर्युर् वा तदर्थो हि न्यायपूर्वं समाख्यानम्

३,८.२०

विप्रतिषेधे करणः समावायविशेषाद् इतरम् अन्यस् तेषां यतो विशेषः स्यात्

३,८.२१

प्रैषेणु च पराधिकारात्

३,८.२२

अध्वर्युस् तु दर्शनात्

३,८.२३

गौणो वा कर्मसामान्यात्

३,८.२४

ऋत्विक् फलं करणेष्व् अर्थत्वात्

३,८.२५

स्वामिनो वा तदर्थत्वात्

३,८.२६

लिङ्गदर्शनाच् च

३,८.२७

कर्मार्थ फलं तेषां स्वामिनं प्रत्यर्थवत्त्वात्

३,८.२८ व्यपदेशाच् च

द्रव्यसंस्कारः प्रकारणाविशेषात् सर्वकर्मणाम्

३,८.३०

निर्देशात् तु विकृताव् अपूर्वस्यानधिकारः

३,८.३१

विरोधे च श्रुतिविशेषाद् अव्यक्तः शेषे

३,८.३२

अपनयस् त्व् एकदेशस्य विद्यमानसंयोगात्

३,८.३३

विकृतौ सर्वार्थः शेषः प्रकृतिवत्

३,८.३४

मुख्यार्थो वाङ्गस्याचोदितत्वात्

३,८.३५

सन्निधानाविशेषाद् असम्भवेद् अतदङ्गानाम्

३,८.३६

आधानेऽपि तथेति चेत्

३,८.३७

नाप्रकरणत्वाद् अङ्गस्यातन्निमित्तत्वात्

३,८.३८

तत्काले वा लिङ्गदर्शनात्

३,८.३९

सर्वेषां वाविशेषात्

३,८.४०

न्यायोक्ते लिङ्गदर्शनम्

३,८.४१

मांसं तु सवनीयानां चोदनाविशेषात्

३,८.४२

भक्तिर् असन्निधावन्याय्येति चेत्

३,८.४३

स्यात् प्रकृतिलिङ्गाद् वैराजवत्

३,८.४४

अध्याय ४

अथातः क्रत्वर्थपुरुषार्थयोर् जिज्ञासा

४,१.१

यस्मिन् प्रीतिः पुरुषस्य तस्य लिप्सार्थलक्षणाविभक्तत्वात्

४,१.२

तदुत्सर्गे कर्माणि पुरुषार्थाय शास्त्रस्यानतिशङ्क्यत्वान् न च द्रव्यं चिकीर्ष्यते तेनार्थेनाभिसम्बन्धात् क्रियायां पुरुषश्रुतिः

४,१.३

अविशेषात् तु शास्त्रस्य यथाश्रुति फलानि स्युः

४,१.४

अपि वा कारणाग्रहणे तदर्थम् अर्थस्यानभिसम्बन्धात्

४,१.५

तथा च लोकभूतेषु

४,१.६

द्रव्याणि त्व् अविशेषेणानर्थक्यात् प्रदीयेरन्

४,१.७

स्वेन त्वर्थे न सम्बन्धो द्रव्याणां पृथगर्थत्वात् तस्माद् यथाश्रुति स्युः

४,१.८

चोद्यन्ते चार्थकर्मसु

४,१.९

लिङ्गदर्शनाच् च

४,१.१०

तत्रैकत्वमयज्ञाङ्गम् अर्थस्य गुणभूतत्वात्

४,१.११

एकश्रुतित्वाच् च

४,१.१२

प्रतीयते इति चेत्

४,१.१३

नाशब्दं तत्प्रमाणत्वात् पूर्ववत्

४,१.१४

शब्दवत् तूपलभ्यते तदागमे हि तद्दृश्यते तस्य ज्ञानं हि यथान्येषाम्

४,१.१५

तद्वच् च लिङ्गदर्शनम्

४,१.१६

तथा च लिङ्गम्

४,१.१७

आश्रयिष्व् अविशेषेण भावोऽर्थः प्रतीयेत

४,१.१८

चोदनायां त्व् अनारम्भोऽविभक्तत्वान् न ह्य् अन्येन विधीयते

४,१.१९

स्याद् वा द्रव्यचिकीर्षायां भावोऽर्थे च गुणभूतताश्रयाद् धि गुणीभावः

४,१.२०

अर्थे समवैषम्यतो द्रव्यकर्मणाम्

४,१.२१

एकनिष्पत्तेः सर्वे समं स्यात्

४,१.२२

संसर्गरसनिश्पत्तेरामिक्षा वा प्रधानं स्यात्

४,१.२३

मुख्यशब्दाभिसंस्तवाच् च

४,१.२४

पदकर्माप्रयोजकं नयनस्य परार्थत्वात्

४,१.२५

अर्थाभिधानकर्म च भविष्यता संयोगस्य तन्निमित्तत्वात् तदर्थो हि विधीयते

४,१.२६

पशाव् अनालम्भाल् लोहितशकृतोर् अकर्मत्वम्

४,१.२७

एकदेशद्रव्यश् चोत्पत्तौ वद्यमानसंयोगात्

४,१.२८

निर्देशात् तस्यान्यद् अर्थाद् इति चेत्

४,१.२९

न शेषसन्निधानात्

४,१.३०

कर्मकार्यात्

४,१.३१

लिङ्गदर्शनाच् च

४,१.३२

अभिघारणे विप्रकर्षाद् अनूयाजवत् पात्रभेदः स्यात्

४,१.३३

न वा पात्रत्वाद् अपात्रत्वं त्व् एकदेशत्वात्

४,१.३४

हेतुत्वाच् च सहप्रयोगस्य

४,१.३५

अभावदर्शनाच् च

४,१.३६

सति सव्यवचनम्

४,१.३७

न तस्येति चेत्

४,१.३८

स्यात् तस्य मुख्यत्वात्

४,१.३९

समानयनं तु मुख्यं स्याल् लिङ्गदर्शनात्

४,१.४०

वचने हि हेत्वसामर्थ्यम्

४,१.४१

तत्रोत्पत्तिर् अविभक्ता स्यात्

४,१.४२

तत्र जौहवम् अनूयाजप्रतिषेधार्थम्

४,१.४३

औपभृतं तथेति चेत्

४,१.४४

स्याज् जुहूप्रतिषेधान् नित्यानुवादः

४,१.४५

तदष्टसङ्ख्यं श्रवणात्

४,१.४६

अनुग्रहाच् च जौहवस्य

४,१.४७

द्वयोस् तु हेतुसामर्थ्यं श्रवणं च समानयने

४,१.४८

स्वरुस् त्व् अनेकनिष्पत्तिः स्वकर्मशब्दत्वात्

४,२.१

जात्यन्तराच् च शङ्कते

४,२.२

तदेकदेशो वा स्वरुत्वस्य तन्निमित्तत्वात्

४,२.३

शकलश्रुतेश् च

४,२.४

प्रतियूपं च दर्शनात्

४,२.५

आदाने करोतिशब्दः

४,२.६

शाखायां तत्प्रधानत्वात्

४,२.७

शाखायां तत्प्रधानत्वाद् उपवेषेण विभागः स्याद् वैषम्यं तत्

४,२.८

श्रुत्यपायाच् च

४,२.९

हरणे तु जुहोतिर् योगसामान्याद् द्रव्याणां चार्थशेषत्वात्

४,२.१०

प्रतिपत्तिर् वा शब्दस्य तत्प्रधानत्वात्

४,२.११

अर्थेऽपि चेत्

४,२.१२

न तस्यानधिकाराद् अर्थस्य च कृतत्वात्

४,२.१३

उत्पत्त्यसंयोगात् प्रणीतानाम् आज्यवद् विभागः स्यात्

४,२.१४

संयवनार्थानां वा प्रतिपत्तिर् इतरासां तत्प्रधानत्वात्

४,२.१५

प्रासनवन् मैत्रावरुणस्य दण्डप्रदानं कृतार्थत्वात्

४,२.१६

अर्थकर्म वा कर्तृसंयोगात् स्रग्वत्

४,२.१७

कर्मयुक्ते च दर्शनात्

४,२.१८

उत्पत्तौ येन संयुक्तं तदर्थं तच्छ्रुतिहेतुत्वात् तस्यार्थान्तरगमने शेषत्वात् प्रतिपत्तिः स्यात्

४,२.१९

सौमिके च कृतार्थत्वात्

४,२.२०

अर्थकर्म वाभिधानसंयोगात्

४,२.२१

प्रतिपत्तिर् वा तन्न्यायत्वाद् देशार्थावभृथश्रुतिः

४,२.२२

कर्तृदेशकालानाम् अचोदनं प्रयोगे नित्यसमवायात्

४,२.२३

नियमार्था वा श्रुतिः

४,२.२४

तथा द्रव्येषु गुणश्रुतिर् उत्पत्तिसंयोगात्

४,२.१५

संस्कारे च तत्प्रधानत्वात्

४,२.२६

यजति चोदनाद्रव्यदेवताक्रियं समुदाये कृतार्थत्वात्

४,२.२७

तदुक्ते श्रवणाज् जुहोतिर् आसेचनाधिकः स्यात्

४,२.२८

विधेः कर्मापवर्गित्वाद् अर्थान्तरे विधिप्रदेशः स्यात्

४,२.२९

अपि वोत्पत्तिसंयोगाद् अर्थसम्बन्धोऽविशिष्टानां प्रयोगैकत्वहेतुः स्यात्

४,२.३०

द्रव्यसंस्कारकर्मसु परार्थत्वात् फलश्रुतिर् अर्थवादः स्यात्

४,२.३१

उत्पत्तेश् चातत्प्रधानत्वात्

४,३.२

फलं तु तत्प्रधानायाम्

४,३.३

नैमित्तिके विकारत्वात् क्रतुप्रधानम् अन्यत् स्यात्

४,३.४

एकस्य तूभयत्वे संयोगपृथक्त्वम्

४,३.५

शेष इति चेत्

४,३.६

नार्थपृथक्त्वात्

४,३.७

द्रव्याणान्तु क्रियार्थानां संस्कारः क्रतुधर्मस्यात्

४,३.८

पृथक्त्वाद्व्यवतिष्ठेत

४,३.९

चोदनायां फलाश्रुतेः कर्ममात्रं विधीयेत न ह्य् अशब्दं प्रतीयते

४,३.१०

अपि वाम्नानसामथर्थ्याच् चोदनार्थेन गम्येतार्थानां ह्य् अर्थत्वेन वचनानि प्रतीयन्तेऽर्थतोप्य् असमर्थानाम् आनन्तर्येऽप्य् असम्बन्धस् तस्माच् छ्रुत्येकदेशः सः

४,३.११

वाक्यार्थश् च गुणार्थवत्

४,३.१२

तत्सर्वार्थम् अनादेशात्

४,३.१३

एकं वा चोदनैकत्वात्

४,३.१४

स स्वर्गः स्यात् सर्वान् प्रत्यविशिष्टत्वात्

४,३.१५

प्रत्ययाच् च

४,३.१६

क्रतौ फलार्थवादमङ्गवत् कार्ष्णाजिनिः

४,३.१७

फलमात्रेयो निर्देशाद् अश्रुतौ ह्य् अनुमानं स्यात्

४,३.१८

अङ्गेषु स्तुतिः परार्थत्वात्

४,३.१९

काम्ये कर्मणि नित्यः स्वर्गो यथा यज्ञाङ्गे क्रत्वर्थः

४,३.२०

वीते च कारणे नियमात्

४,३.२१

कामो वा तत्संयोगेन चोद्यते

४,३.२२

अङ्गेषु स्तुतिः परार्थत्वात्

४,३.२३

वीते च नियमस् तदर्थम्

४,३.२४

सर्वकाम्यम् अङ्गकामैः प्रकरणात्

४,३.२५

फलोपदेशो वा प्रधानशब्दसंयोगात्

४,३.२६

तत्र सर्वेऽविशेषात्

४,३.२७

योगसिद्धिर् वार्थस्योत्पत्त्यसंयोगित्वात्

४,३.२८

समवाये चोदनासंयोगस्यार्थवत्त्वात्

४,३.२९

कालश्रुतौ काल इति चेत्

४,३.३०

नासमवायात्प्रयोजनेन

४,३.३१

उभयार्थाम् इति चेत्

४,३.३२

न शब्दैकत्वात्

४,३.३३

प्रकरणाद् इति चेत्

४,३.३४

नोत्पत्तिसंयोगात्

४,३.३५

अनुत्पत्तौ तु कालः स्यात् प्रयोजनेन सम्बन्धात्

४,३.३६ उतपत्तिकालविशये कालः स्याद् वाक्यस्य तत्प्रधानत्वात्

फलसंयोगस् त्व् अचोदिते न स्याद् अशेषभूतत्वात्

४,३.३८

अङ्गानां तूपघातसंयोगो निमित्तार्थः

४,३.३९

प्रधानेनाभिसंयोगाद् अङ्गानां मुख्यकालत्वम्

४,३.४०

अपवृत्ते तु चोदना तत्सामान्यात् स्वकाले स्यात्

४,३.४१

प्रकरणाविभागे च विप्रतिषिद्धं ह्य् उभयम्

४,४.१

अपि वाङ्गमनिज्याः स्युस् ततो विशिष्टत्वात्

४,४.२

मध्यस्थं यस्य तन्मध्ये

४,४.३

सर्वासां वा समत्वाच् चोदनातः स्यान् न हि तस्य प्रकरणं देशार्थम् उच्यते मध्ये

४,४.४

प्रकरणाविभागे च विप्रतिषिद्धं ह्य् उभयम्

४,४.५

अपि वा कालमात्रं स्याद् अदर्शनाद् विशेशस्य

४,४.६

फलवद् वोक्तहेतुत्वाद् इतरस्य प्रधानं स्यात्

४,४.७

दधिग्रहो नैमितिकः श्रुतिसंयोगात्

४,४.८

नित्यश् च ज्येष्ठशब्दात्

४,४.९

सार्वरूप्याच् च

४,४.१०

नित्यो वा स्याद् अर्थवादस्तयोः कर्मण्य् असम्बन्धाद् भङ्गित्वाच् चान्तरायस्य

४,४.११

वैश्वानरश् च नित्यः स्यान् नित्यैः समानसङ्ख्यत्वात्

४,४.१२

पक्षे वोत्पन्नसंयोगात्

४,४.१३

षट्चितिः पूर्ववत्त्वात्

४,४.१४

ताभिश् च तुल्यसंख्यानात्

४,४.१५

अर्थवादोपपत्तेश् च

४,४.१६

एकचितिर् वा स्याद् अपवृक्ते हि चोद्यते निमित्तेन

४,४.१७

विप्रतिषेधात् ताभिः समानसङ्ख्यत्वम्

४,४.१८

पितृयज्ञः स्वकालत्वाद् अनङ्गं स्यात्

४,४.१९

तुल्यवच् च प्रसङ्ख्यानात्

४,४.२०

प्रतिषिद्धे च दर्शनात्

४,४.२१

पश्वङ्ग रशमा स्यात् तदागमे विधानात्

४,४.२२

यूपाङ्गं वा तत्संस्कारात्

४,४.२३

अर्थवादश् च तदर्थवत्

४,४.२४

स्वरुश्चाप्य् एकदेशत्वात्

४,४.२५

निष्क्रयश् च तदङ्गवत्

४,४.२६

पश्वङ्गं वार्थकर्मत्वात्

४,४.२७

भक्त्या निष्क्रयवादः स्यात्

४,४.२८

दर्शपूर्णमासयोर् इज्याः प्रधानान्य् अविशेषात्

४,४.२९

अपि वाङ्गानि कानि चिद्येश्वङ्गत्वेन संस्तुतिः सामान्यो ह्य् अभिसंस्तवः

४,४.३०

तथा चान्यार्थदर्शनम्

४,४.३१

अवशिष्टं तु कारणं प्रधानेषु गुणस्य विद्यमानत्वात्

४,४.३२

नानुक्तेऽन्यार्थदर्शनं परार्थत्वात्

४,४.३३

पृथवत्वे त्व् अभिधानयोर् निवेशः श्रुतितो व्यपदेशाच् च तत्पुनर्मुख्यलक्षणं यत्फलवत्वं तत्सन्निधाव् असंयुक्तं तदङ्गंस्याद्भागित्वात् कारणस्याश्रुतश् चान्यसम्बन्धः

४,४.३४

गुणाश् च नामसंयुक्ता विधीयन्ते नाङ्गेषूषपद्यन्ते

४,४.३५

तुल्या च कारणश्रुतिर् अन्यैर् अङ्गाङ्गिसम्बन्धः

४,४.३६

उत्पत्ताव् अभिसम्बन्धस् तस्माद् अङ्गोपदेशः स्यात्

४,४.३७

तथा चान्यार्थदर्शनम्

४,४.३८

ज्योतिष्टोमे तुल्यान्य् अविशिष्टं हि कारणम्

४,४.३९

गुणानां तूत्पत्तिवाक्येन सम्बन्धात् कारणश्रुतिस् तस्मात् सोमः प्रधानं स्यात्

४,४.४०

तथा चान्यार्थदर्शनम्

४,४.४१

अध्याय ५

श्रुतिलक्षणम् आनुपूर्व्यं तत्प्रमाणत्वात्

५,१.१

अर्थाच् च

५,१.२

अनियमोऽन्यत्र

५,१.३

क्रमेण वा नियम्येत क्रत्वेकत्वे तद्गुणत्वात्

५,१.४

अशाब्द इति चेत् स्याद् वाक्यशब्दत्वात्

५,१.५

अर्थकृते वानुमानं स्यात् क्रत्वेकत्वे परार्थत्वात् स्वेन त्व् अर्थेन सम्बन्धस् तस्मात् स्वशब्दम् उच्येत

५,१.६

तथा चान्यार्थदर्शनम्

५,१.७

प्रवृत्त्या तुल्यकालानां गुणानां तदुपक्रमात्

५,१.८

सर्वम् इति चेत्

५,१.९

नाकृतत्वात्

५,१.१०

क्रत्वन्तरवद् इति चेत्

५,१.११

नासमवायात्

५,१.१२

स्थानाच् चोत्पत्तिसंयोगात्

५,१.१३

मुख्यक्रमेण वाङ्गानां तदर्थत्वात्

५,१.१४

प्रकृतौ तु स्वशब्दत्वाद्याक्रमं प्रतीयेत

५,१.१५

मन्त्रतस् तु विरोधे स्यात् प्रयोगरूपसामर्थ्यात् तस्माद् उत्पत्तिदेशः सः

५,१.१६

तद्वचनाद् विकृतौ यथा प्रधानं स्यात्

५,१.१७

विप्रतिपत्तौ वा प्रकृत्यन्वयाद् यथाप्रकृति

५,१.१८

विकृतिः प्रकृतिधर्मत्वात् तत्काला स्याद् यथा शिष्टम्

५,१.१९

अपि वा क्रमकालसंयुक्ता सद्यः क्रियेत तत्र विधेर् अनुमानात् प्रकृतिधर्मलोपः स्यात्

५,१.२०

कालोत्कर्ष इति चेत्

५,१.२१

न तत्सम्बन्धात्

५,१.२२

अङ्गानां मुख्यकालत्वाद् यथोक्तम् उत्कर्षे स्यात्

५,१.२३

तदादि वाभिसम्बन्धात् तदन्तम् अपकर्षे स्यात्

५,१.२४

प्रवृत्या कृतकालानाम्

५,१.२५

शब्दविप्रतिषेधाच् च

५,१.२६

असंयोगात् तु वैकृतं तद् एव प्रतिकृष्येत. मिमांसा

५,१.२७

प्रासङ्गिकं च नोत्कर्षेद् असंयोगात्

५,१.२८

तथापूर्वम्

५,१.२९

सान्तपनीया तूत्कर्षेद् अग्निहोत्रं सवनवद् वैगुण्यात्

५,१.३०

अन्यवायाच् च मिमांसा

५,१.३१

असम्बन्धात् तु नोत्कर्षेत्

५,१.३२

प्रापणाच् च निमित्तस्य

५,१.३३

सम्बन्धात् सवनोत्कर्मः

५,१.३४

षोडशी चोक्थ्यसंयोगात्

५,१.३५

सन्निपाते प्राधानानाम् एकैकस्य गुणानां सर्वकर्म स्यात्

५,२.१

सर्वेषां वैकजातीयं कृतानुपूर्व्यत्वात्

५,२.२

कारणाद् अभ्यावृत्तिः

५,२.३

मुष्टिकपालावदानाञ्जनाभ्यञ्जनवपनपावनेषु चैकेन

५,२.४

सर्वाणि त्व् एककार्यत्वादेषां तद्गुणत्वात्

५,२.५

संयुक्ते तु प्रक्रमात् तदङ्गं स्याद् इतरस्य तदर्थत्वात्

५,२.६

वचनात् तु परिव्याणान्तम् अञ्जनादिः स्यात्

५,२.७

कारणाद्वा(न) वसर्गः स्याद् यथा पात्रवृद्धिः

५,२.८

न वा शब्दकृतत्वान् न्यायमात्रमितरदर्थात् पात्रविवृद्धिः

५,२.९

पशुगणे तस्यतस्यापवर्जयेत् पश्वैकत्वात्

५,२.१०

दैवतैर् वैककर्म्यात्

५,२.११

मन्त्रस्य चार्थवत्त्वात्

५,२.१२

नानाबीजेष्वेकमुलूखलं विभवात्

५,२.१३

विवृद्धिर् वा नियामादानुपूर्व्यस्य तदर्थत्वात्

५,२.१४

एकं वा तण्डुलभावाद् धन्तेस् तदर्थत्वात्

५,२.१५

विकारे त्व् अनूयाजानां पात्रभेदोऽर्थभेदात् स्यात्

५,२.१६

प्रकृतेः पूर्वोक्तत्वाद् अपूर्वम् अन्ते स्यान् न ह्य् अचोदितस्य शेषाम्नानम्

५,२.१७

मुख्यानन्तर्यमात्रेयस् तेन तुल्यश्रुतित्वाद् अशब्दत्वात् प्राकृतानां व्यवायः स्यात्

५,२.१८

अन्ते तु बादरायणस् तेषां प्रधानशब्दत्वात्

५,२.१९

तथा चान्यार्थदर्शनम्

५,२.२०

कृतदेशात् तु पूर्वेषां स देशः स्यात् तेन प्रत्यक्षसंयोगान् नयायमात्रमितरत्

५,२.२१

प्रकृताच् च पुरस्ताद् यत्

५,२.२२

सन्निपातश् चेद् यथोक्तमन्ते स्यात्

५,२.२३

विवृद्धिः कर्मभेदात् पृषदाज्यवत् तस्यतस्योपदिश्येत

५,३.१

अपि वा सर्वसङ्ख्यत्वाद् विकारः प्रतीयेत

५,३.२

स्वस्थानात् तु विवृध्येरन् कृतानुपूर्व्यत्वात्

५,३.३

समिध्यमानवतीं समिद्धवतीं चान्तरेण धाय्याः स्युर् द्यावापृथिव्योरन्तरालं समर्हणात्

५,३.४

तच्छब्दो वा

५,३.५

उष्णिक्ककुभोरन्ते दर्शनात्

५,३.६

स्तोमविवृद्धौ वहिष्पवमाने पुरस्तात् पर्यासाद् आगन्तवः स्युस् तथा हि दृष्टं द्वादशाहे

५,३.७

पर्यास इति चान्ताख्या

५,३.८

अन्ते वा तदुक्तम्

५,३.९

वचनात् तु द्वादशाहे

५,३.१०

अतद्विकारश् च

५,३.११

तद्विकारेऽप्य् अपूर्वत्वात्

५,३.१२

अन्ते तूत्तरयोर् दध्यात्

५,३.१३

अपि वा गायत्रीबृहत्यनुष्टुप्सु वचनात्

५,३.१४

ग्रहेष्टकम् औपानुवाक्यं सवनचितिशेषः स्यात्

५,३.१५

क्रत्वग्निशेषा वा चोदितत्वाद् अचोदनानुपूर्वस्य

५,३.१६

अन्ते स्युर् अव्यवायात्

५,३.१७

लिङ्गदर्शनाच् च

५,३.१८

मध्यमायां तु वचनाद् ब्राह्मणवत्यः

५,३.१९

प्राग्लोकम्पृणायास् तस्याः सम्पूरणार्थत्वात्

५,३.२०

संस्कृते कर्म संस्काराणां तदर्थत्वात्

५,३.२१

अनन्तरं व्रतं तद्भूतत्वात्

५,३.२२

पूर्वं च लिङ्गदर्शनात्

५,३.२३ अर्थवादो वार्थस्य विद्यमानत्वात्

न्यायविप्रतिषेधाच् च

५,३.२५

सञ्चिते त्व् अग्निचिद् युक्तं प्रापणान् निमित्तस्य

५,३.२६

क्रत्वन्ते वा प्रयोगवचनाभावात्

५,३.२७

अग्नेः कर्मत्वनिर्देशात्

५,३.२८

परेणावेदनाद् दीक्षितः स्यात् सर्वैर् दीक्षाभिसम्बन्धात्

५,३.२९

इष्ट्यन्ते वा तदर्था ह्य् अविशेषार्थसन्वन्धात्

५,३.३०

समाख्यानं च तद्वत्

५,३.३१

अङ्गवत् क्रतूनाम् आनुपूर्व्यम्

५,३.३२

न वासम्बन्धात्

५,३.३३

काम्यत्वाच् च

५,३.३४

आनर्थक्यान् नेति चेत्

५,३.३५

स्याद् विद्यार्थत्वाद् यथा परेषु सर्वस्वारात्

५,३.३६

य एतेनेत्य् अग्निष्टोमः प्रकरणात्

५,३.३७

लिङ्गाच् च

५,३.३८

अथान्येनेति संस्थानां सन्निधानात्

५,३.३९

तत्प्रकृतेर् वापत्तिविहारौ न तुल्येषूपपद्यते

५,३.४०

प्रशसा च विहरणाभावात्

५,३.४१

विधिप्रत्ययाद् वा न ह्य् अकस्मात् प्रशंसा स्यात्

५,३.४२

एकस्तोमे वा क्रतुसंयोगात्

५,३.४३

सर्वेषां वा चोदनाविशेषात् प्रशंसा स्तोमानाम्

५,३.४४

क्रमकोयोऽर्थशब्दाभ्यां श्रुतिविशेषाद् अर्थपरत्वाच् च

५,४.१

अवदानाभिघारणासादनेष्व् आनुपूर्व्यं प्रवृत्या स्यात्

५,४.२

यथारप्रदानं वा तदर्थत्वात्

५,४.३

लिङ्गदर्शनाच् च

५,४.४

वचनाद् इष्टिपूर्वत्वम्

५,४.५

सोमश् चैकेषाम् अग्नयाधेयस्यर्तुनक्षत्रातिक्रमवचनात् तदन्तेनानर्थकं हि स्यात्

५,४.६

तदर्थवचनाच् च नाविशेषात् तदर्थत्वं

५,४.७

अयक्ष्यमाणस्य च पवमानहविषां कालनिर्देशाद् आनन्तर्याद् विशङ्का स्यात्

५,४.८

इष्टिर् अयक्ष्यमाणस्य तदर्थ्ये न सोमपूर्वत्वम्

५,४.९

उत्कर्षाद् ब्राह्मणस्य सोमः स्यात्

५,४.१०

पौर्णमासी वा श्रुतिसंयोगात्

५,४.११

सर्वस्य वैककर्म्यात्

५,४.१२

स्याद् वा विधिस् तदर्थेन

५,४.१३

प्रकरणात् तु कालः स्यात्

५,४.१४

स्वकाले स्याद् अविप्रतिषेधात्

५,४.१५

अपनयो वाधानस्य सर्वकालत्वात्

५,४.१६

पौर्णमास्य् ऊर्ध्वं सोमाद् ब्राह्मणस्य वचनात्

५,४.१७

एकं वा शब्दसामर्थ्यात् प्राक् कृत्स्नविधानम्

५,४.१८

पुरोडाशस् त्व् अनिर्देशे तद्युक्ते देवताभावात्

५,४.१९

आज्यमपीति चेत्

५,४.२०

न मिश्रदेवतत्वाद् ऐन्द्राग्नवत्

५,४.२१

विकृतेः प्रकृतिकालत्वात् सद्यस्कालोत्तरा विकृतिस् तयोः प्रत्यक्षशिष्टत्वात्

५,४.२२

द्वैयहकाल्ये तु यथान्यायम्

५,४.२३

वचनाद् वैककाल्यं स्यात्

५,४.२४

सन्नाय्याग्नीषोमीयविकारा ऊर्ध्वं सोमात्प्रकृतिवत्

५,४.२५

तथा सोमविकारा दर्शपूर्णमासाभ्याम्

५,४.२६

अध्याय ६

द्रव्याणां कर्मसंयोगे गुणत्वेनाभिसम्बन्धः

६,१.१

असाधकं तु तादर्थ्यात्

६,१.२

प्रत्यर्थं चाभिसंयोगात्कर्मतो ह्य् अभिसम्बन्धस् तस्मात् कर्मोपदेशः स्यात्

६,१.३

फलार्थत्वात् कर्मणः शास्त्रं सर्वाधिकारं स्यात्

६,१.४

कर्तुर् वा श्रुतिसंयोगाद् विधिः कात्स्न्र्येन गम्यते

६,१.५

लिङ्गविशेषनिर्देशात् पुंयुक्तम् ऐतिशायनः

६,१.६

तदुक्तित्वाच् च दोषश्रुतिर् अविज्ञाते

६,१.७

जातिं तु बादरायणोऽविशेषात् तस्मात् स्त्र्य् अपि प्रतीयेत जात्यर्थस्याविशिष्टत्वात्

६,१.८

चोदितत्वाद् यथाश्रुति

६,१.९

द्रव्यवत्त्वात् तु पुंसां स्याद् द्रव्यसंयुक्तं क्रयविक्रयाभ्याम् अद्रव्यत्वं स्त्रीणां द्रव्यैः समानयोगित्वात्

६,१.१०

तथा चान्यार्थदर्शनम्

६,१.११

तादर्थ्यात् कर्म तादर्थ्यम्

६,१.१२

फलोत्साहाविशेषात् तु

६,१.१३

अर्थेन च समवेतत्वात्

६,१.१४

क्रयस्य धर्ममात्रत्वम्

६,१.१५

स्ववत्ताम् अपि दर्शयति

६,१.१६

स्ववतोस् तु वचनाद् ऐककर्म्यं स्यात्

६,१.१७

लिङ्गदर्शनाच् च

६,१.१८

क्रीतत्वात् तु भक्त्या स्वामित्वम् उच्यते

६,१.१९

फलार्थित्वात् तु स्वामित्वेनाभिसम्बन्धः

६,१.२०

फलवत्तां च दर्शयति

६,१.२१

द्व्याधानं च द्वियज्ञवत्

६,१.२२

गुणस्य तु विधानत्वात् पत्न्या द्वितीयशब्दः स्यात्

६,१.२३

तस्या यावदुक्तम् आशीर् ब्रह्मचर्यम् अतुल्यत्वात्

६,१.२४

चातुर्वर्ण्यम् अविशेषात्

६,१.२५

निर्देशाद् वा त्रयाणां स्याद् अग्न्याधेयेऽसम्बन्धः क्रतुषु ब्राह्मणश्रुतेर् इत्य् आत्रेयः

६,१.२६

निमित्तार्थे न बादरिस् तस्मात् सर्वाधिकारं स्यात्

६,१.२७

अपि वान्यार्थदर्शनाद् यथाश्रुति प्रतीयेत

६,१.२८

निर्देशात् तु पक्षे स्यात्

६,१.२९

वैगुण्यान् नेति चेत्

६,१.३०

न काम्यत्वात्

६,१.३१

संस्कारे च तत्प्रधानत्वात्

६,१.३२

अपि वा वेदनिर्देशाद् अपशूद्राणां प्रतीयेत

६,१.३३

गुणार्थित्वान् नेति चेत्

६,१.३४

संस्कारस्य तदर्थत्वाद् विद्यायां पुरुषश्रुतिः

६,१.३५

विद्यानिर्देशान् नेति चेत्

६,१.३६

अबैद्यत्वाद् अभावः कर्मणि स्यात्

६,१.३७

तथा चान्यार्थदर्शनम्

६,१.३८

त्रयाणां द्रव्यसम्पन्नः कर्मणी द्रव्यसिद्धत्वात्

६,१.३९

अनित्यत्वात् तु नैवं स्याद् अर्थाद् धि द्रव्यसंयोगः

६,१.४०

अङ्गहीनश् च तद्धर्मा

६,१.४१

उत्पत्तौ नित्यसंयोगात्

६,१.४२

अत्र्यार्षेयस्य हानं स्यात्

६,१.४३

वचनाद् रथकारस्याधानेऽस्य सर्वशेषत्वात्

६,१.४४

न्याय्यो वा कर्मसंयोगाच् छूद्रस्य प्रतिषिद्धतत्वात्

६,१.४५

अकर्मत्वात् तु नैवं स्यात्

६,१.४६

आनर्थक्यं च संयोगात्

६,१.४७

गुणार्थेनेति चेत्

६,१.४८

उक्तम् अनिमित्तत्वम्

६,१.४९

सौधन्वनास् तु हीनत्वान् मन्त्रवर्णात् प्रतीयेरन्

६,१.५०

रथपतिर् निषादः स्याच् छब्दसामर्थ्यात्

६,१.५१

लिङ्गदर्शनाच् च

६,१.५२

पुरुषार्थैकसिद्धित्वात् तस्य तस्याधिकारः स्यात्

६,२.१

अपि चोत्पत्तिसंयोगो यथा स्यात् सत्वदर्यशनं तथाभावो विभागे स्यात्

६,२.२

प्रयोगे पुरुषश्रुतेर् यथाकामी प्रयोगे स्यात्

६,२.३

प्रत्यर्थं श्रुतिभाव इति चेत्

६,२.४

तादर्थ्ये न गुणार्थतानुक्तेऽर्थान्तरत्वात् कर्तुः प्रधानभूतत्वात्

६,२.५

अपि वा कामसंयोगे सम्बन्धात् प्रयोगायोपदिश्येत प्रत्यर्थं हि विधिश्रुतिर् विषाणावत्

६,२.६

अन्यस्य स्याद् इति चेत्

६,२.७

अन्यार्थेनाभिसम्बन्धः

६,२.८

फलकामो निमित्तम् इति चेत्

६,२.९

न नित्यत्वात्

६,२.१०

कर्म तथेति चेत्

६,२.११

न समवायात्

६,२.१२

प्रकमात् तु नियम्येतारम्भस्य क्रियानिमित्तत्वात्

६,२.१३

फलार्थित्वाद् वानियमो यथानुपक्रान्ते

६,२.१४

नियमो वा तन्निमित्तत्वात् कर्तुस् तत्कारणं स्यात्

६,२.१५

लोके कर्माणि वेदवत् ततोऽधिपुरुषज्ञानम्

६,२.१६

अपराधेऽपि च तैः शास्त्रग्

६,२.१७

अशास्त्रात् तूपसम्प्राप्तिः शास्त्रं स्यान् न प्रकल्पकं तस्माद् अर्थेन गम्येताप्राप्ते शास्त्रम् अर्थवत्

६,२.१८

प्रतिषेधेष्व् अकर्मत्वात् क्रिया स्यात् प्रतिषिद्धानां विभक्तत्वाद् अकर्मणाम्

६,२.१९

शास्त्राणां त्व् अर्थवत्वेन पुरुषार्थो विधीयते तयोर् असमवायित्वात् तादर्थ्ये विध्यतिक्रमः

६,२.२०

तस्मिंस् तु शिष्यमाणानि जननेन प्रवर्तेरन्

६,२.२१

अपि वा वेदतुल्यत्वाद् उपायेन प्रवर्तेरन्

६,२.२२

अभ्यासोऽकर्मशेषत्वात् पुरुषार्थो विधीयते

६,२.२३

तस्मिन्न् असम्भवन्न् अर्थात्

६,२.२४

न कालेभ्य उपदिश्यन्ते

६,२.२५

दर्शनात् काललिङ्गानां कालविधानम्

६,२.२६

तेषाम् औत्पत्तिकत्वाद् आगमेन प्रवर्तेत

६,२.२७

तथा हि लिङ्गदर्शनम्

६,२.२८

तथान्तःक्रतुप्रयुक्तानि

६,२.२९ आचाराद् गृह्यमाणेषु तथा स्यात् पुरुषार्थत्वात्

ब्राह्मणस्य तु सोमविद्याप्रजम् ऋणवाक्येन संयोगात्

६,२.३१

सर्वशक्तौ प्रवृत्तिः स्यात् तथाभूतोपदेशात्

६,३.१

अपि वाप्य् एकदेशे स्यात् प्रधाने ह्य् अर्थनिर्वृत्तिर् गुणमात्रम् इतरत् तदर्थत्वात्

६,३.२

तदकर्मणि च दोषस् तस्मात् ततो विशेषः स्यात् प्रधानेनाभिसम्बन्धात्

६,३.३

कर्माभेदं तु जैमिनिः प्रयोगवचनैकत्वात् सर्वेषाम् उपदेशः स्याद् इति

६,३.४

अर्थस्य व्यपवर्गित्वाद् एकस्यापि प्रयोगे स्याद् यथा क्रत्वन्तरेषु

६,३.५

विध्यपराधे च दर्शनात् समाप्तेः

६,३.६

प्रायश्चित्तविधानाच् च

६,३.७

काम्येषु चैवम् अर्थित्वात्

६,३.८

असंयोगात् तु नैवं स्याद् विधेः शब्दप्रमाणत्वात्

६,३.९

अकर्मणि चाप्रत्यवायात्

६,३.१०

क्रियाणाम् आश्रितत्वाद् द्रव्यान्तरे विभागः स्यात्

६,३.११

अपि वाव्यतिरेकाद् रूपशब्दाविभागाच् च गोत्ववद् ऐककर्म्यं स्यान् नामधेयं च सत्त्ववत्

६,३.१२

श्रुतिप्रमाणत्वाच् छिष्टाभावेऽनागमोऽन्यस्याशिष्टत्वात्

६,३.१३

क्वचिद् विधानाच् च

६,३.१४

आगमो वा चोदनार्थाविशेषात्

६,३.१५

नियमार्थः क्वाचिद् विधिः

६,३.१६

तन् नित्यं तच्चिकीर्षा हि

६,३.१७

न देवताग्निशब्दक्रियमन्यार्थसंयोगात्

६,३.१८

देवतायां च तदर्थत्वात्

६,३.१९

प्रतिषिद्धं चाविशेषेण हि तच्छ्रुतिः

६,३.२०

तथा स्वामिनः फलसमवायात् फलस्य कर्मयोगित्वात्

६,३.२१

बहूनां तु प्रवृत्तेऽन्यमागमयेद् अवैगुण्यात्

६,३.२२

स स्वामी स्यात् संयोगात्

६,३.२३

कर्मकरो वा भृतत्वात्

६,३.२४

तस्मिंश् च फलदर्शनात्

६,३.२५

स तद्धर्मा स्यात् कर्मसंयोगात्

६,३.२६

सामान्यं तच्चिकीर्षा हि

६,३.२७

निर्देशात् तु विकल्पे यत् प्रवृत्तम्

६,३.२८

अशब्दम् इति चेत्

६,३.२९

नानङ्गत्वात्

६,३.३०

वचनाच् चान्याय्यम् अभावे तत्सामान्येन प्रतिनिधिर् अभावाद् इतरस्य

६,३.३१

न प्रतिनिधौ समत्वात्

६,३.३२

स्याच् छ्रुतिलक्षणे नियतत्वात्

६,३.३३

न तदीप्सा हि

६,३.३४

मुख्याधिगमे मुख्यम् आगमो हि तदभावात्

६,३.३५

प्रबृत्तेऽपीति चेत्

६,३.३६

नानर्थकत्वात्

६,३.३७

द्रव्यसंस्कारविरोधे द्रव्यं तदर्थत्वात्

६,३.३८

अर्थद्रव्यविरोधेऽर्थो द्रव्याभावे तदुत्पत्तेर् द्रव्याणाम् अर्थशेषत्वात्

६,३.३९

विधिर् अप्य् एकदेशे स्यात्

६,३.४०

अपि वार्थस्य शक्यत्वाद् एकदेशेन निर्वर्तेतार्थानाम् अविभक्तत्वाद् गुणमात्रम् इतरत् तदर्थत्वात्

६,३.४१

शेषाद् द्व्यवदाननाशे स्यात् तदर्थत्वात्

६,४.१

निर्देशाद् वान्यद् आगमयेत्

६,४.२

अपि वा शेषभाजां स्याद् विशिष्टकारणत्वात्

६,४.३

निर्देशाच् छेषभक्षोऽन्यैः प्रधानवत्

६,४.४

सर्वैर् वा समवायात् स्यात्

६,४.५

निर्देशस्य गुणार्थत्वम्

६,४.६

प्रधाने श्रुतिलक्षणम्

६,४.७

अर्थवद् इति चेत्

६,४.८

न चोदनाविरोधात्

६,४.९

अर्थसमवायत् प्रायश्चित्तम् एकदेशेऽपि

६,४.१०

न त्व् अशेषे वैगुण्यात् तदर्थं हि

६,४.११

स्याद् वा प्राप्तनिमित्तत्वाद् अतद्धर्मो नित्यसंयोगान् न हितस्य गुणार्थेनानित्यत्वात्

६,४.१२

गुणानां च परार्थत्वाद् वचनाद् व्यपाश्रय स्यात्

६,४.१३

भेदार्थम् इति

६,४.१४

न शेषभूतत्वात्

६,४.१५

अनर्थकश् च सर्वनाशे स्यात्

६,४.१६

क्षामे तु सर्वदाहे स्याद् एकदेशस्यावर्जनीयत्वात्

६,४.१७

दर्शनाद् एकदेशे स्यात्

६,४.१८

अन्येन वैतच् छास्त्राद् धि कारणप्राप्तिः

६,४.१९

तद्धविःशब्दान् नेति चेत्

६,४.२०

स्याद् अन्यायत्वादिज्यागामी हविः शब्दस् तल्लिङ्गसंयोगात्

६,४.२१

यथाश्रुतीति चेत्

६,४.२२

न तल्लक्षणत्वाद् उपपातो हि कारणम्

६,४.२३

होमाभिषवभक्षणं च तद्वत्

६,४.२४

उभाभ्यां वा न हि तयोर् धर्मशास्त्रम्

६,४.२५

पुनर् आधेयम् ओदनवत्

६,४.२६

द्रव्योत्पत्तेर् वोभयोः स्यात्

६,४.२७

पञ्चशरावस् तु द्रव्यश्रुतेः प्रतिनिधिः स्यात्

६,४.२८

चोदना वा द्रव्यदेवताविधिर् अवाच्ये हि

६,४.२९

स प्रत्यामनेत् स्थानात्

६,४.३०

अङ्गविधिर् वा निमित्तसंयोगात्

६,४.३१

विश्वजित्वप्रवृत्ते भावः कर्मणि स्यात्

६,४.३२

निष्क्रयवादाच् च

६,४.३३

वत्ससंयोगे व्रतचोदना स्यात्

६,४.३४

कालो वोत्पन्नसंयोगाद् यथोक्तस्य

६,४.३५

अर्थापरिमाणाच् च

६,४.३६

वत्सस् तु श्रुतिसंयोगात् तदङ्गं स्यात्

६,४.३७

कालस् तु स्याद् अचोदनात्

६,४.३८

अनर्थकश् च कर्मसंयोगे

६,४.३९

अवचनाच् च स्वशब्दस्य

६,४.४०

कालश् चेत् सन्नयत्पक्षे तल्लिङ्गसंयोगात्

६,४.४१

कालार्थत्वाद् वोभयोः प्रतीयेत

६,४.४२

प्रस्तरे शाखाश्रयणवत्

६,४.४३

कालविधिर् वोभयोर् विद्यामानत्वात्

६,४.४४

अतत्संस्कारार्थत्वाच् च

६,४.४५

तस्माच् च विप्रयोगे स्यात्

६,४.४६

उपवेषश् च पक्षे स्यात्

६,४.४७

अभ्युदये कालापराधाद् इज्याचोदना स्याद् यथा पञ्चशरावे

६,५.१

अपनयो वा विद्यानत्वात्

६,५.२

तद्रूपत्वाच् च शब्दानाम्

६,५.३

आतञ्चनाभ्यासस्य दर्शनात्

६,५.४

अपूर्वत्वाद् विधानं स्यात्

६,५.५

पयोदोषात् पञ्चशरावेऽदुष्टं हीतरत्

६,५.६

सान्नाय्योऽपि तथेति चेत्

६,५.७

न तस्यादुष्टत्वाद् अविशिष्टं हि कारणम्

६,५.८

लक्षणार्थाश्रुतिः

६,५.९

उपांशुयाजेऽवचनाद् यथाप्रकृति

६,५.१०

अपनयो वा प्रवृत्या यथेतरेषाम्

६,५.११

निरुप्ते स्यात् तत्संयोगात्

६,५.१२

प्रवृत्ते वा प्रापणान् निमित्तस्य

६,५.१३

लक्षणमात्रम् इतरत्

६,५.१४

तथा चान्यार्थदर्शनम्

६,५.१५

अनिरुप्तेऽभ्युदिते प्राकृतीभ्यो निर्वपेद् इत्य् आश्मरथ्यस् तण्डुलभूतेष्व् अपनयात्

६,५.१६

व्यूर्ध्वभाग्भ्यस् त्व् आलेखनस् तत्कारित्वाद् देवतापनयस्य

६,५.१७

विनिरुप्ते न मुष्टीनाम् अपनयस् तद्गुणत्वात्

६,५.१८

अप्राकृतेन हि संयोगस् तत्स्थानीयत्वात्

६,५.१९

अभावाच् चेतरस्य स्यात्

६,५.२०

सान्नाय्यसंयोगान् नासन्नायतः स्यात्

६,५.२१

औषधसंयोगाद् वोभयोः

६,५.२२

वैगुण्यान् नेति चेत्

६,५.२३

नातत्संस्कारत्वात्

६,५.२४

साम्युत्थाने विश्वजित्क्रीते विभागसंयोगात्

६,५.२५

प्रवृते वा प्रापणान् निमित्तस्य

६,५.२६

आदेशार्थेतरा श्रुतिः

६,५.२७

दीक्षापरिमाणे यथाकाम्यविशेषात्

६,५.२८

द्वादशाहस् तु लिङ्गात् स्यात्

६,५.२९

पौर्णमास्याम् अनियमोऽविशेषात्

६,५.३०

आनन्तर्यात् तु चैत्री स्यात्

६,५.३१

माघी वैकाष्टकाश्रुतेः

६,५.३२

अन्या अपीति चेत्

६,५.३३

न भक्तित्वाद् एषा हि लोके

६,५.३४

दीक्षापराधे चानुग्रहात्

६,५.३५

उत्थाने चानुप्ररोहात्

६,५.३६

अस्यां च सर्वलिङ्गानि

६,५.३७

दीक्षाकालस्य शिष्टत्वाद् अतिक्रमे नियतानाम् अनुत्कर्षः प्राप्तकालत्वात्

६,५.३८

उत्कर्षो वा दीक्षितत्वाद् अविशिष्टं हि कारणम्

६,५.३९ तत्र प्रतिहोमो न विद्यते यथा पूर्वेषाम्

कालप्राधान्याच् च

६,५.४१

प्रतिषेधाच् चोर्ध्वम् अवभृथादेष्टे

६,५.४२

प्रतिहोमश् चेत् सायम् अग्निहोत्रप्रभृतीनि हूयेरन्

६,५.४३

प्रातस् तु षोडशिनि

६,५.४४

प्रायश्चित्तम् अधिकारे सर्वत्र दोषमामान्यात्

६,५.४५

प्रकरणे वा शब्दहेतुत्वात्

६,५.४६

अतिद्विकारश् च

६,५.४७

व्यापन्नस्याप्सु गतौ यद् अभोज्यम् आर्याणां तत् प्रतीयेत

६,५.४८

विभागश्रुतेः प्रायश्चित्तं यौगपद्ये न विद्यते

६,५.४९

स्याद् वा प्राप्तनिमित्तत्वात् कालमात्रम् एकम्

६,५.५०

तत्र विप्रतिषेधाद् विकल्पः स्यात्

६,५.५१

प्रयोगान्तरे वोभयानुग्रहः स्यात्

६,५.५२

न चैकसंयोगात्

६,५.५३

पौर्वापर्ये पूर्वदौर्बल्यं प्रकृतिवत्

६,५.५४

यद्य् उद्गाता जघन्यः स्यात् पुनर् यज्ञे सर्ववेदसं दद्याद् यथेतरस्मिन्

६,५.५५

अहर्गणे यस्मिन्न् अपच्छेदस् तद् आवर्तेत कर्म पृथक्त्वात्

६,५.५६

सन्निपाते वैगुण्यात् प्रकृतिवत् तुल्यकल्पा यजेरन्

६,६.१

वचनाद् वाशिरोवत्स्यात्

६,६.२

न वानारभ्यवादत्वात्

६,६.३

स्याद् वा यज्ञार्थत्वाद् औदुम्बरीवत्

६,६.४

न तत्प्रधानत्वात्

६,६.५

औदुम्बर्याः परार्थत्वात् कपालवत्

६,६.६

अन्येनापीति चेत्

६,६.७

नैकत्वात्तस्य चानधिकाराच् छब्दस्य चाविभक्तत्वात्

६,६.८

सन्निपातात् तु निमित्तविघातः स्याद् बृहद्रथन्तरवद् विभक्तशिष्टत्वाद् वसिष्ठनिर्वर्त्ये

६,६.९

अपि वा कृत्स्नसंयोगाद् अविघातः प्रतीयेत स्वामित्वेनाभिसंबन्धात्

६,६.१०

साम्नोः कर्मवृद्ध्यैकदेशेन संयोगे गुणत्वेनाभिसंबन्धस् तस्मात् तत्र विघातः स्यात्

६,६.११

वचनात् तु द्विसंयोगस् तस्माद् एकस्य पाणिवत्

६,६.१२

अर्थाभावात् तु नैवं स्यात्

६,६.१३

अर्थानां च विभक्तत्वान् न तच्छ्रुतेन संबन्धः

६,६.१४

प्राणेः प्रत्यङ्गभावाद् असंबन्धः प्रतीयेत

६,६.१५

सत्राणि सर्ववर्णामाम् अविशेषात्

६,६.१६

लिङ्गदर्शनाच् च

६,६.१७

ब्राह्मणानां वेतरयोर् आर्त्विज्यभावात्

६,६.१८

वचनाद् इति चेत्

६,६.१९

न स्वामित्वं हि विधीयते

६,६.२०

गार्हपते वा स्यातास् अविप्रतिषेधात्

६,६.२१

न वा कल्पविरोधात्

६,६.२२

स्वामित्वाद् इतरेषाम् अहीने लिङ्गदर्शनम्

६,६.२३

वासिष्ठानां वा ब्रह्मत्वनियमात्

६,६.२४

सर्वेषां वा प्रतिप्रसवात्

६,६.२५

विश्वामित्रस्य हौत्रनियमाद् भृगुशुनकवसिष्ठानाम् अनधिकारः

६,६.२६

विहारस्य प्रभुत्वाद् अनग्नीनाम् अपि स्यात्

६,६.२७

सारस्वते च दर्शनात्

६,६.२८

प्रायश्चित्तविधानाच् च

६,६.२९

साग्नीनां वेष्टिपूर्वत्वात्

६,६.३०

स्वार्थेन च प्रयुक्तत्वात्

६,६.३१

सन्निवापं च दर्शयति

६,६.३२

जुह्वादीनाम् अप्रयुक्तत्वात् संदेहे यथाकामी प्रतीयेत

६,६.३३

अपि वान्यानि पात्राणि साधारणानि कुर्वीरन् विप्रतिषेधाच् छास्त्रकृत्वात्

६,६.३४

प्रायश्चित्तम् आपदि स्यात्

६,६.३५

पुरुषकल्पेन विकृतौ कर्तृनियमः स्याद् यज्ञस्य तद्गुणत्वाद् अभावाद् इतरान् प्रत्येकस्मिन्न् अधिकारः स्यात्

६,६.३६

लिङ्गाच् चेज्याविशेषवत्

६,६.३७

न वा संयोगपृथक्त्वाद् गुणस्येज्याप्रधानत्वाद् असंयुक्ता हि चोदना

६,६.३८

इज्यायां तद्गुणत्वाद् विशेषेण नियमयेत

६,६.३९

स्वदाने सर्वम् अविशेषात्

६,७.१

यस्य वा प्रभुः स्याद् इतरस्याशक्यत्वात्

६,७.२

न भूमिः स्यात् सर्वान् प्रत्यविशिष्टत्वात्

६,७.३

अकार्यत्वाच् च ततः पुनर् विशेषः स्यात्

६,७.४

नित्यत्वाच् चानित्यैर् नास्ति संबन्धः

६,७.५

शूद्रश् च धर्मशास्त्रत्वात्

६,७.६

दक्षिणाकाले यत् स्वं तत् प्रतीयेत तद्दानसंयोगात्

६,७.७

अशेषत्वात् तदन्तः स्यात् कर्मणो द्रव्यसिद्धित्वात्

६,७.८

अपि वा शेषकर्म स्यात् क्रतोः प्रत्यक्षशिष्टत्वात्

६,७.९

तथा चान्यार्थदर्शनम्

६,७.१०

अशेषं तु समञ्जसादानेन शेषकर्म स्यात्

६,७.११

नादानस्यानित्यत्वात्

६,७.१२

दीक्षासु विनिर्देशाद् अक्रत्वर्थेन संयोगस् तस्माद् अविरोधः स्यात्

६,७.१३

अहर्गणे च तद्धर्मः स्यात् सर्वेषाम् अविशेषात्

६,७.१४

द्वादशशतं वा प्रकृतिवत्

६,७.१५

अतद्गुणत्वात् नैवं स्यात्

६,७.१६

लिङ्गदर्शनाच् च

६,७.१७

विकारः सन्न् उभयतोऽविशेषात्

६,७.१८

अधिकं वा प्रतिप्रसवात्

६,७.१९

अनुग्रहाच् च पादवत्

६,७.२०

अपरिमिते शिष्टस्य सङ्ख्याप्रतिषेधस् तच्छ्रुतित्वात्

६,७.२१

कल्पान्तरं वा तुल्यवत् प्रसङ्ख्यानात्

६,७.२२

अनियमोऽविशेषात्

६,७.२३

अधिकं वा स्याद् बह्वर्थत्वाद् इतरेषां सन्निधानात्

६,७.२४

अर्थवादश् च तदर्थवत्

६,७.२५

परकृतिपुराकल्पं च मनुष्यधर्मः स्याद् अर्थाय ह्य् अनुकीर्तनम्

६,७.२६

तद्युक्ते च प्रतिषेधात्

६,७.२७

निर्देशाद् वा तद्धर्मः स्यात् पञ्चावत्तवत्

६,७.२८

विधौ तु वेदसंयोगाद् उपदेशः स्यात्

६,७.२९

अर्थवादो वा विधिशेषत्वात् तस्मान् नित्यानुवादः स्यात्

६,७.३०

सहस्रसंवत्सरं तदायुषाम् असंभवान् मनुष्येषु

६,७.३१

अपि वा तदधिकारान् मनुष्यधर्मः स्यात्

६,७.३२

नासामर्थ्यात्

६,७.३३

सम्बन्धादर्शनात्

६,७.३४

स कुलकल्पः स्याद् इति कार्ष्णाजिनिर् एकस्मिन्न् असंभवात्

६,७.३५

अपि वा कृत्स्नसंयोगाद् एकस्यैव प्रयोगः स्यात्

६,७.३६

विप्रतिषेधात् तु गुण्यन्यतरः स्याद् इति लावुकायनः

६,७.३७

संवत्सरो विचालित्वात्

६,७.३८

सा प्रकृतिः स्याद् अधिकारात्

६,७.३९

अहानि वाभिसंख्यत्वात्

६,७.४०

इष्टिपूर्वत्वाद् अक्रतुशेषो होमः संस्कृतेष्व् अग्निषु स्याद् पूर्वोऽप्य् आधानस्य सर्वशेषत्वात्

६,८.१

इष्टित्वे न तु संस्तवश् चतुर्होतॄन् असंस्कृतेषु दर्शयति

६,८.२

उपदेशस् त्व् अपूर्वत्वात्

६,८.३

स सर्वेषाम् अविशेषात्

६,८.४

अपि वा क्रत्वभावाद् अनाहिताग्नेर् अशेषभूतनिर्देशः

६,८.५

जपो वानग्निसंयोगात्

६,८.६

इष्टित्वेन संस्तुते होमः स्याद् अनारभ्याग्निसंयोगाद् इतरेषाम् अवाच्यत्वात्

६,८.७

उभयोः पितृयज्ञवत्

६,८.८

निर्देशो वानाहिताग्नेर् अनारभ्याग्निसंयोगात्

६,८.९

पितृयज्ञे संयुक्तस्य पुनर् वचनम्

६,८.१०

उपनयन्न् आदधीत होमसंयोगात्

६,८.११

स्थपतीष्टवल् लौकिके वा विद्याकर्मानुपूर्वत्वात्

६,८.१२

आधानं च भार्यासंयुक्तम्

६,८.१३

अकर्म चोर्ध्वम् आधानात् तत्समवायो हि कर्मभिः

६,८.१४

श्राद्धवद् इति चेत्

६,८.१५

न श्रुतिविप्रतिषेधात्

६,८.१६

सर्वार्थत्वाच् च पुत्रार्थो न प्रयोजयेत्

६,८.१७

सोमपानात् तु प्रापणं द्वितीयस्य तस्माद् उपयच्छेत्

६,८.१८

पितृयज्ञे तु दर्शनात् प्राग् आधानात् प्रतीयेत

६,८.१९

स्थपतीष्टिः प्रयाजवद् अग्नयाधेयं प्रयोजयेत् तादर्थ्याच् चापवृज्येत

६,८.२०

अपि वा लौकिकेऽग्नौ स्याद् आधानस्यासर्वशेषत्वात्

६,८.२१

अवकीर्णिपशुश् च तद्वद् आधानस्याप्राप्तकलत्वात्

६,८.२२

उदगयनपूर्वपक्षाहः पुण्याहेषु दैवानि स्मृतिरूपान्य् आर्थदर्शनात्

६,८.२३

अहनि च कर्मसाकल्यम्

६,८.२४

इतरेषु तु पित्र्याणि

६,८.२५

याच्ञाक्रयणम् अविद्यमाने लोकवत्

६,८.२६

नियतं वार्थवत्वात् स्यात्

६,८.२७

तथा भक्षप्रैषाच् छादनसंज्ञप्तहोमद्वेषम्

६,८.२८

अनर्थकं त्व् अनित्यं स्यात्

६,८.२९

पशुचोदनायाम् अनियमोऽविशेषात्

६,८.३०

छागो वा मन्त्रवर्णात्

६,८.३१

न चोदनाविरोधात्

६,८.३२

आर्षेयवद् इति चेत्

६,८.३३ न तत्र ह्य् अचोदित्वात्

नियमो वैकार्थ्यं ह्य् अर्थभेदाद् भेदः पृथवत्वेनाभिधानात्

६,८.३५

अनियमो वार्थान्तरत्वाद् अन्यत्वं व्यतिरेकशब्दभेदाभ्याम्

६,८.३६

रूपाल् लिङ्गाच् च

६,८.३७

छागे न कर्माख्या रूपलिङ्गाभ्याम्

६,८.३८

रूपान्यत्वान् न जातिशब्दः स्यात्

६,८.३९

विकारो नौत्पत्तिकत्वात्

६,८.४०

स नैमित्तिकः पशोर् गुणस्याचोदितत्वात्

६,८.४१

जातेर् वा तत्प्रायवचनार्थवत्त्वाभ्याम्

६,८.४२

अध्याय ७

श्रुतिप्रमाणत्वाच् छेषाणां मुख्यभेदे यथाधिकारं भावः स्यात्

७,१.१

उत्पत्त्यर्थाविभागाद् वा सत्त्ववद् ऐकधर्म्यं स्यात्

७,१.२

चोदनाशेषभावाद् वा तद्भेदाद् व्यवतिष्ठेरन्न् उत्पत्तेर् गुणभूतत्वात्

७,१.३

सत्वे लक्षणसंयोगात् सार्वत्रिकं प्रतीयेत

७,१.४

अविभागात् तु नैवं स्यात्

७,१.५

द्व्यर्थत्वं च विप्रतिषिद्धम्

७,१.६

उत्पत्तौ विध्यभावाद् वा चोदनायां प्रवृत्तिः स्यात् ततश् च कर्मभेदः स्यात्

७,१.७

यदि वाप्य् अभिधानवत् सामान्यात् सर्वधर्मः स्यात्

७,१.८

अर्थस्य त्व् अविभक्तत्वात् तथा स्याद् अभिधानेषु पूर्ववत्त्वात् प्रयोगस्य कर्मणः शब्दभाव्यत्वाद् विभागाच् छेषाणाम् अप्रवृत्तिः स्यात्

७,१.९

स्मृतिर् इति चेत्

७,१.१०

न पूर्ववत्वात्

७,१.११

अर्थस्य शब्दभाव्यत्वात् प्रकरणनिबन्धनाच् छब्दाद् एवान्यत्र भावः स्यात्

७,१.१२

सामाने पूर्ववत्वाद् उत्पन्नाधिकारः स्यात्

७,१.१३

श्येनस्येति चेति

७,१.१४

नासन्निधानात्

७,१.१५

अपि वा यद्य् अपूर्वत्वाद् इतरदधिकार्थे ज्यौतिष्टोमिकाद् विधेस् तद्वाचकं समानं स्यात्

७,१.१६

पञ्चसञ्चरेष्व् अर्थवादातिदेशः सन्निधानात्

७,१.१७

सर्वस्य वैकशब्द्यात्

७,१.१८

लिङ्गदर्शनाच् च

७,१.१९

विहिताम्नानान् नेति चेत्

७,१.२०

नेतरार्थत्वात्

७,१.२१

एककपालैन्द्राग्नौ च तद्वत्

७,१.२२

एककपालानां वैश्वदेविकः प्रकृतिर् आग्रयणे सर्वहोमापरिवृत्तिदर्शनाद् अवभृथे च सकृद् द्व्यवदानस्य वचनात्

७,१.२३

साम्नोऽभिधानशब्देन प्रवृत्तिः स्याद् यथाशिष्टम्

७,२.१

शब्दैस् त्व् अर्थविधित्वाद् अर्थान्तरेऽप्रवृत्तिः स्यात् पृथग्भावात् क्रियाया ह्य् अभिसम्बन्धः

७,२.२

स्वार्थे वा स्यात् प्रयोजनं क्रियायास् तदङ्गभावेनोपदिश्येरन्

७,२.३

शब्दमात्रम् इति चेत्

७,२.४

नौत्पत्तिकत्वात्

७,२.५

शास्त्रं चैवम् अनर्थकं स्यात्

७,२.६

स्वरस्येति चेत्

७,२.७

नार्थाभावाच् छ्रुतेर् असंबन्धः

७,२.८

स्वरस् तूत्पत्तिषु स्यान् मात्रावर्णाविभक्तत्वात्

७,२.९

लिङ्गदर्शनाच् च

७,२.१०

अश्रुतेस् तु विकारस्योत्तरासु यथाश्रुति

७,२.११

शब्दानां चासामञ्जस्यम्

७,२.१२

अपि तु कर्मशब्दः स्याद् भावोऽर्थः प्रसिद्धग्रहणत्वाद् विकारो ह्य् अविशिष्टोऽन्यैः

७,२.१३

अद्रव्यं चापि दृश्यते

७,२.१४

तस्य च क्रिया ग्रहणार्था नानार्थेषु विरूपित्वाद् अर्थो ह्य् आसामलौकिको विधानात्

७,२.१५

तस्मिन् संज्ञाविशेषाः स्युर् विकारपृथक्त्वात्

७,२.१६

योनिशस्याश् च तुल्यवद् इतराभिर् विधीयन्ते

७,२.१७

अयोनौ चापि दृश्यतेऽतथायोनि

७,२.१८

ऐकार्थ्ये नास्ति वैरूप्यम् इति चेत्

७,२.१९

स्याद् अर्थान्तरेष्व् अनिष्पत्तेर् यथा पाके

७,२.२०

शब्दानां च सामञ्जस्यं

७,२.२१

उक्तं क्रियाभिधानं तच्छ्रुताव् अन्यत्र विधिप्रदेशः स्यात्

७,३.१

अपूर्वे वापि भागित्वात्

७,३.२

नाम्नस् त्व् औत्पत्तिकत्वात्

७,३.३

प्रत्यक्षाद् गुणसंयोगात् क्रियाभिधानं स्यात् तदभावेऽप्रसिद्धं स्यात्

७,३.४

अपि वा सत्रकर्मणि गुणार्थैषा श्रुतिः स्यात्

७,३.५

विश्वजिति सर्वपृष्ठे तत्पूर्वकत्वाज् ज्यौतिष्टोमिकानि पृष्ठान्य् अस्ति च पृष्ठशब्दः

७,३.६

षडहाद् वा तत्र हि चोदना

७,३.७

लिङ्गाच् च

७,३.८

उत्पन्नाधिकारो ज्योतिष्टोमः

७,३.९

द्वयोर् विधिर् इति चेत्

७,३.१०

न व्यर्थत्वात् सर्वशब्दस्य

७,३.११

तथावभृथः सोमात्

७,३.१२

प्रकृतेर् इति चेत्

७,३.१३

न भक्तित्वात्

७,३.१४

लिङ्गदर्शनाच् च

७,३.१५

द्रव्यादेशे तद्द्रव्यः श्रुतिसंयोगात् पुरोडाशस् त्व् अनादेशे तत्प्रकृतित्वात्

७,३.१६

गुणविधिस् तु न गृह्णीयात् समत्वात्

७,३.१७

निर्मन्थ्यादिषु चैवम्

७,३.१८

प्रणयनं तु सौमिकम् अवाच्यं हीतरत्

७,३.१९

उत्तरवेदिप्रतिषेधश् च तद्वत्

७,३.२०

प्राकृतं वानामत्वात्

७,३.२१

परिसङ्ख्यर्थं श्रवणं गुणार्थवादो वा

७,३.२२

प्रथमोत्तमयोः प्रणयनमुत्तरवेदिप्रतिषेधात्

७,३.२३

मध्यमयोर् वा गत्यर्थवादात्

७,३.२४

औत्तरवेदिकोऽनारभ्यवादप्रतिषेधः

७,३.२५

स्वरसामैककपालामिक्षं च लिङ्गदर्शनात्

७,३.२६

चोदनासामान्याद् वा

७,३.२७

कर्मजे कर्म यूपवत्

७,३.२८

रूपं वाशेषभूतत्वात्

७,३.२९

विशये लौकिकः स्यात् सर्वार्थत्वात्

७,३.३०

न वैदिकम् अर्थनिर्देशात्

७,३.३१

तथोत्पत्तिर् इतरेषां समत्वात्

७,३.३२

संस्कृतं स्यात् तच्छब्दत्वात्

७,३.३३

भक्त्या वायज्ञशेषत्वाद् गुणानाम् अभिधानत्वात्

७,३.३४

कर्मणः पृष्टशब्दः स्यात् तथाभूतोपदेशात्

७,३.३५

अभिधानोपदेशाद् वा विप्रतिषेधाद् द्रव्येषु पृष्ठशब्दः स्यात्

७,३.३६

इतिकर्तव्यता विधेर् यजतेः पूर्ववत्त्वम्

७,४.१

स लौकिकः स्याद् दृष्टप्रवृत्तित्वात्

७,४.२

वचनात् तु ततोऽन्यत्वम्

७,४.३

लिङ्गेन वा नियम्येत लिङ्गस्य तद्गुणत्वात्

७,४.४

अपि वान्यायपूर्वत्वाद् यत्र नित्यानुवादवचनानि स्युः

७,४.५

मिथो विप्रतिषेधाच् च गुणानां यथार्थतल्पना स्यात्

७,४.६

भागित्वात् तु नियम्येत गुणानाम् अभिधानत्वात् सम्बन्धाद् अभिधानवद् यथा धेनुः किशोरेण

७,४.७

उत्पत्तीनां समत्वाद् वा यथाधिकारं भावः स्यात्

७,४.८

उत्पत्तिशेषवचनं च विप्रतिषिद्धम् एकस्मिन्

७,४.९

विध्यन्तो वा प्रकृतिवच् चोदनायां प्रवर्तेत तथा हि लिङ्गदर्शनम्

७,४.१०

लिङ्गहेतुत्वाद् अलिङ्गे लौकिकं स्यात्

७,४.११

लिङ्गस्य पूर्ववत्तवाच् चोदनाशब्दसामान्याद् एकेनापि निरूप्येत यथा स्थालीपुलाकेन

७,४.१२

द्वादशाहिकम् अहर्गणे तत्प्रकृतित्वाद् ऐकाहिकम् अधिकागमात् तदाख्यं स्याद् एकाहवत्

७,४.१३

लिङ्गाच् च

७,४.१४

न वा क्रत्वभिधानाद् अधिकानाम् अशब्दत्वम्

७,४.१५

लिङ्गं संघातधर्मः स्यात् तदर्थापत्तेर् द्रव्यवत्

७,४.१६

न वार्थधर्मत्वात् संघातस्य गुणत्वात्

७,४.१७

अर्थापत्तेर् द्रव्येषु धर्मलाभः स्यात्

७,४.१८

प्रवृत्त्या नियतस्य लिङ्गदर्शनम्

७,४.१९

विहारदर्शनं विशिष्टस्यानारभ्यवादानां प्रकृत्यर्थतवात्

७,४.२०

अध्याय ८

अथ विशेषलक्षणम्

८,१.१

यस्य लिङ्गमर्थसंयोगादभिधानवत्

८,१.२

प्रवृत्तित्वादिष्टेः सोमे प्रवृत्तिः स्यात्

८,१.३

लिङ्गदर्शनाच्च

८,१.४

कृत्स्वविधानाद्वापूर्वत्वम्

८,१.५

स्त्रुगभिघारणाभावस्य च नित्यानुवादात्

८,१.६

विधिरिति चेत्

८,१.७

न वाक्यशेषत्वात्

८,१.८

शङ्कतेचानुपोषणात्

८,१.९

दर्शनमैष्टिकानां स्यात्

८,१.१०

इष्टिषु दर्शपूर्णमासयोः प्रवृत्तिः स्यात्

८,१.११

पशौ च लिङ्गदर्शनात्

८,१.१२

दैक्षस्य चेतरेषु

८,१.१३

ऐकादशिनेषु सौत्यस्य द्वैरशन्यस्य दर्शनात्

८,१.१४

तत्प्रवृत्तिर्गणेषु स्यात्प्रतिपशु यूपदर्शनात्

८,१.१५

अव्यक्तासु तु सोमस्य

८,१.१६

गणेषु द्वादशाहस्य

८,१.१७

गव्यस्य च तदादिषु

८,१.१८

निकायिनां च पूर्वस्योत्तरेषु प्रवृत्तिः स्यात्

८,१.१९

कर्मणस्त्वप्रवृत्तित्वात्फलनियमकर्तृ समुदायस्यानन्वयस्तद्बन्धनत्वात्

८,१.२०

प्रवृत्तौ चापि तादर्थ्यात्

८,१.२१

अश्रुतित्वाच्च

८,१.२२

गुणकामेष्वाश्रितत्वात्प्रवृत्तिः स्यात्

८,१.२३

निवृत्तिर्वा कर्मभेगात्

८,१.२४

अपि वातद्विकारत्वात्क्रत्वर्थत्वात्प्रवृत्तिः स्यात्

८,१.२५

एककर्मणि विकत्पोऽविभागो हि चोदनैकत्वात्

८,१.२६

लिङ्गसाधारण्याद्विकल्पः स्यात्

८,१.२७

ऐकार्थ्याद्वा नियम्येत पूर्ववत्त्वाद्विकारो हि

८,१.२८

अश्रुतित्वान्नेति चेत्

८,१.२९

स्याल्लिङ्गभावात्

८,१.३०

तथा चान्यार्थदर्शनम्

८,१.३१

विप्रतिपत्तौ हविषा नियम्येत कर्मणस्तदुपाख्यत्वात्

८,१.३२

तेन च कर्मसंयोगात्

८,१.३३

गुणत्वेनदेवताश्रुतिः

८,१.३४

हिरण्यमाज्यधर्मस्तेजस्त्वात्

८,१.३५

धर्मानुग्रहाच्च

८,१.३६

औषधं वा विशदत्वात्

८,१.३७

चरुशब्दाच्च

८,१.३८

तस्मिंश्च श्रपणश्रुतेः

८,१.३९

मधूदके द्रव्यसामान्यात्पयोविकारः स्यात्

८,१.४०

आज्यं वा वर्णसामान्यात्

८,१.४१

धर्मानुग्रहाच्च

८,१.४२

पूर्वस्य चाविशिष्टत्वात्

८,१.४३

वाजिने सोमपूर्वत्वं सौत्रामण्याञ्च ग्रहेषु ताच्छब्द्यात्

८,२.१

अनुवषट्कारच्च

८,२.२

समुपहूय भक्षणाच्च

८,२.३

क्रयणश्रपणपुरोरुगुपयामग्रहणासादनवासोपनहनञ्च तद्वत्

८,२.४

हविषा वा नियम्येत तद्विकारत्वात्

८,२.५

प्रशंसा सोमशब्दः

८,२.६

वचनानीतराणि

८,२.७

व्यपदेशश्च तद्वत्

८,२.८

पशुपुरोडाशस्य च लिङ्गदर्शनम्

८,२.९

पशुः पुरोडाशविकारः स्याद्देवतासामान्यात्

८,२.१०

प्रोक्षणातच्च

८,२.११

पर्यग्निकरणाच्च

८,२.१२

सान्नाय्यं वा तत्प्रभवत्वात्

८,२.१३

तस्य च पात्रदर्शनात्

८,२.१४

दध्नः स्यान्मूर्तिसामान्यात्

८,२.१५

पयो वा कालसामान्यात्

८,२.१६

पश्वानन्तर्यात्

८,२.१७

द्रवत्वं चाविशिष्टम्

८,२.१८

आमिक्षोभयभाव्यत्वादुभयविकारः स्यात्

८,२.१९

एकं वा चोदनैकत्वात्

८,२.२०

दधिसंघातसामान्यात्

८,२.२१

पयो वा तत्प्रधानत्वाल्लोकवद्दध्नस्तदर्थत्वात्

८,२.२२

धर्मानुग्रहाच्च

८,२.२३

सत्रमहीनश्च द्वादशाहस्तस्योभयथा प्रवृत्तिरैककर्म्यात्

८,२.२४

अपि वा यजतिश्रुतेरहीनभूतप्रवृत्तिः स्यात्प्रकृत्या तुल्य शब्दत्वात्

८,२.२५

द्विरात्रादीनामेकादशरात्रादहीनत्वं यजतिचोदनात्

८,२.२६

त्रयोदशरात्रादिषु सत्रभूतस्तेष्वासनोपायिचोदनात्

८,२.२७

लिङ्गाच्च

८,२.२८

अन्यतरतोऽतिरात्रत्वात् पञ्चदशरात्रस्याहीनत्वं कुण्डगयिनामयनस्य च चद्भूतेष्वहूनत्वं कुण्डगयिनामयनस्य दर्शनात्

८,२.२९

अहीनवचनाच्च

८,२.३०

सत्रे वोपायिचोदनात्

८,२.३१

सत्रलिङ्गञ्चदर्शयति

८,२.३२

हविर्गणे परमुत्तरस्य देशसामान्यात्

८,३.१

देवतया वा नियम्येतशब्दत्त्वादितरस्याश्रुतित्वात्

८,३.२

गणचोदनायां यस्य लिङ्गं तदावृत्तिः प्रतीयेताग्नेयवत्

८,३.३

नानाहानि वा संघातत्वात्प्रवृत्तिलिङ्गेन चोदनात्

८,३.४

तथा चान्यार्थदर्शनम्

८,३.५

कालाभ्यासेऽपि बादरिः कर्मभेदात्

८,३.६

तदावृत्तिं तु जैमिनिरह्नामप्रत्यक्षसंख्यत्वात्

८,३.७

संस्थागणेषु तदभ्यासः प्रतीयेत कृतलक्षणग्रहणात्

८,३.८

अधिकाराद्वा प्रकृतिस्तस्तद्विशिष्टा स्यादभिधानस्य तन्निमित्तत्वात्

८,३.९

गणादुपचयस्तत्प्रकृतित्वात्

८,३.१०

एकाहाद्वा तेषां समत्वात्स्यात्

८,३.११

गायत्रीषु प्राकृतीनामवच्छेदः प्रकृत्त्याधिकारात्संख्या
त्वादग्निष्टोमवदव्यतिरेकात्तदाख्यत्वम्

८,३.१२

तन्नित्यवच्च प्रथक्सतीषु तद्वचनम्

८,३.१३

न विंशतौ दशेति चेत्

८,३.१४

ऐकसंख्यमेव स्यात्

८,३.१४

गुणाद्वाद्रव्यशब्दः स्यादसर्वविषयत्वात्

८,३.१६

गोत्वच्च समन्वयः

८,३.१७

संख्यायाश्च शब्दत्वात्

८,३.१८

इतरस्याश्रुतित्वाच्च

८,३.१९

द्रव्यान्तरेऽनिवेशादुक्थ्यलोपैर्विशिष्टं स्यात्

८,३.२०

अशास्त्रलक्षमत्वाच्च

८,३.२१

उत्पत्तिनामधेयत्वाद्भतया पृथक्सतीषु स्यात्

८,३.२२

वचनमिति चेत्

८,३.२३

यावदुक्तम्

८,३.२४

अपूर्वे च विकल्पः स्याद्यदि संख्याविधानम्

८,३.२५

ऋग्गुणत्वान्नेति चेत्

८,३.२६

तथा पूर्ववति स्यात्

८,३.२७

गुणावेशश्च सर्वत्र

८,३.२८

निष्पन्नग्रहणान्नेति चेत्

८,३.२९

तथेहापिस्यात्

८,३.३०

यदि वाविशये नियमः प्रकृत्युपबन्धाच्छरेष्वपि प्रसिद्धः स्यात्

८,३.३१

द्रष्टः प्रयोग इतिचेत्

८,३.३२

तथा शरेष्वपि

८,३.३३

भक्तयेति चेत्

८,३.३४

तथेतरस्मिन्

८,३.३५

अर्थस्य चासमाप्तत्वान्न तासामेकदेशे स्यात्

८,३.३६

दर्विहोमो यज्ञाभिधानं होमसंयोगात्

८,४.१

स लौकिकानां स्यात्कर्तुस्तदाख्यत्वात्

८,४.२

सर्वेषां वा दर्शनाद्वास्तुहोमे

८,४.३

जुहोतिचोदनानां वा तत्संयोगात्

८,४.४

द्रव्योपदेशाद्वा गुणाभिधानं स्यात्

८,४.५

न लौकिकानामाचारग्रहणत्वाच्छब्दवतां चान्यार्थविधानात्

८,४.६

दर्शनाच्चान्यपात्रस्य

८,४.७

तथाग्निहविषोः

८,४.८

उक्तश्चार्थसम्बन्धः

८,४.९

तस्मिन्सोमः प्रवर्तेताव्यक्तत्वात्

८,४.१०

न वा स्वाहाकारेण संयोगाद्वाषट्कारस्य च निर्देशात्तन्त्रेतेन विप्रतिषेधात्

८,४.११

शब्दान्तरत्वात्

८,४.१२

लिङ्गदर्शनाच्च

८,४.१३

उत्तरार्थस्तु स्वाहाकारो यथा साप्तदश्यं तत्राविप्रतिषिद्धा पुनः
प्रवृत्तिर्लिङ्गदर्शनात्पशुवत्

८,४.१४

अनुत्तरार्थोवार्ऽथवत्त्वादानर्थक्याद्धि प्राकृतस्योपरोधःस्यात्

८,४.१५

न प्रकृतावपीति चेत्

८,४.१६

उक्तं समवाये पारदौर्बल्यम्

८,४.१७

तच्चोदना वेष्टेः प्रवृत्तित्वादि्वधिः स्यात्

८,४.१८

शब्दसानर्थ्याच्च

८,४.१९

लिङ्गदर्शनाच्च

८,४.२०

तत्राभावस्य हेतुत्वाद्गुणार्थेस्याददर्शनम्

८,४.२१

विधिरिति चेत्

८,४.२२

न वाक्यशेषत्वाद्गुणार्थे च समाधानं नानात्वेनोपपद्यते

८,४.२३

येषां वापरयोर्हेमस्तेषां स्यादविरोधात्

८,४.२४

तत्रौषधानि चोद्यन्ते तानि स्थानेन गम्येरन्

८,४.२५

लिङ्गाद्वा शेषहोमयोः

८,४.२६

प्रतिपत्ति तु ते भवतस्तस्मादतादि्वकारत्वम्

८,४.२७

सन्निपाते विरोधिनामप्रवृत्तिः प्रतीयेत
विध्युत्पत्तिव्यवस्थानादर्थस्यापरिणेघत्वाद्वचनाद् अतिदेशः स्यात्

८,४.१८

अध्याय ९

यज्ञकर्म प्रधानं तदि्ध चोदनाभूतं तस्य द्रव्येषु संस्कारस्तत्प्रयुक्तस्तदर्थत्वात्

९,१.१

संस्कारे युज्यमानानां तादर्थ्यात्तत्प्रयुक्तं स्यात्

९,१.२

तेन त्वर्थेन यज्ञस्य संयोगाद्धर्मसम्बन्धस्तस्माद्यज्ञ प्रयुक्तं स्यात्संस्कारस्य तदर्थत्वात्

९,१.३

फलदेवतयोश्च

९,१.४

न चोदनाती हि तादगुण्यम्

९,१.५

देवता वा प्रयोजयेदतिथिवद्भोजनस्यतदर्थत्वात्

९,१.६

अर्थापत्याच

९,१.७

ततश्च तेन सम्बन्धः

९,१.८

अपि वा शब्दपूर्वत्वाद्यज्ञकर्म प्रधानं स्याद्गुणत्वे देवताश्रुतिः

९,१.९

अतिथौ तत्प्रधानत्वमभावः कर्मणि स्यात्तस्य प्रीतिप्रधानत्वात्

९,१.१०

द्रव्यसंख्याहितुसमुदायं वा श्रुतिसंयोगात्

९,१.११

अर्थकारिते च द्रव्येण न व्यवस्था स्यात्

९,१.१२

अर्थो वा स्यात्प्रयोजनमितरेषामचोदनात्तस्य च गुणभूतत्वात्

९,१.१३

अपूर्वत्वाद्व्यवस्था स्यात्

९,१.१४

तत्प्रयुक्तत्वे च धर्मस्य सर्वविषयत्वम्

९,१.१५

तद्यक्तस्येति चेत्

९,१.१६

नाश्रुतित्वात्

९,१.१७

अधिकारादिति चेत्

९,१.१८

तुल्येषु नाधिकारः स्यादचोदितश्च सम्बन्धः पृथक्सतां
यज्ञार्थेनाभिसम्बन्धस्तस्माद्यज्ञप्रयोजनम्

९,१.१९

देशबद्धमुपांशुत्वं तेषां स्याच्छ्रुतिनिर्देशात्तस्य च तत्रभावात्

९,१.२०

यज्ञस्य वा तत्संयोगात्

९,१.२१

अनुवादश्च तदर्थवत्

९,१.२२

प्रणीतादि तथेति चेत्

९,१.२३

न यज्ञस्याश्रुतित्वात्

९,१.२४

तद्देशानां वा संघातस्यचोदितत्वात्

९,१.२५

अग्निधर्मः प्रतिष्टकं संघातात्पौर्णमासीवत्

९,१.२६

अग्नेर्वा स्याद्द्रव्यैकत्वादितरासां तदर्थ त्वात्

९,१.२७

चोदनासमुदायात्तु पौर्ण मास्यां तथा स्यात्

९,१.२८

पत्नीसंयाजान्तत्वं सर्वेषामविशेषात्

९,१.२९

लिङ्गाद्वा प्रागुत्तमात्

९,१.३०

अनुवादो वा दोक्षा यथा नक्तं संस्थापनस्य

९,१.३१

स्याद्वानारभ्य विधानादन्ते लिङ्ग विरोधात्

९,१.३२

अभ्यासः सामिधेनीनां प्राथम्यात्स्थानधर्मःस्यात्

९,१.३३

इष्ट्यावृतौ प्रयाजवदावर्तेतारम्भणीया

९,१.३४

सकृद्वाऽरम्भसंयागादेकः पुनरारम्भो यावज्जीवप्रयोगात्

९,१.३५

अर्थाभिधानसंयोगान्मन्त्रेषु शेषभावः स्यात्तत्राचोदितमप्राप्तं चोदिताभिधानात्

९,१.३६

ततश्चावचनन्तेषामितरार्थं प्रयुज्यते

९,१.३७

गुणशब्दस्तथेति चेत्

९,१.३८

नसमवायात्

९,१.३९

चोदिते तु परार्थत्वाद्विधिवदविकारः स्यात्

९,१.४०

विकारस्तत्प्रधाने स्यात्

९,१.४१

असंयोगात्तदर्थेषु तद्विशिष्टं प्रतीयेत

९,१.४२

कर्माभावादेवमिति चेत्

९,१.४३

न परर्थत्वात्

९,१.४४

लिङ्गविशेषनिर्देशात्समानविधानेष्वप्राप्ता सारस्वती स्त्रीत्वात्

९,१.४५

पश्ववभिधानाद्वा तद्धि चोदनाभूतं पुंविषयं पुनः पशुत्वम्

९,१.४६

विशेषो वा तदर्थनिर्देशात्

९,१.४७

पशुत्वं चैकशब्द्यात्

९,१.४८

यथोक्तं वा सन्निधानात्

९,१.४९

आम्नातादन्यदधिकारे वचनाद्विकारः स्यात्

९,१.५०

द्वैधं वा तुल्यहेतुत्वात्सामान्याद्विकल्पः स्यात्

९,१.५१

उपदेशाच्च साम्नः

९,१.५२

नियमो वा श्रुतिविशेषादितरत्साप्तदश्यवत्

९,१.५३

अगाणाच्छब्दान्यत्वे तथाभूतोपदेशः स्यात्

९,१.५४

यत्स्थाने बा तद्गीतिः स्यात्पदान्यत्वप्रधानत्वात्

९,१.५५

गानसंयोगाच्च

९,१.५६

वचनमिति चेत्

९,१.५७

न तत्प्रधानत्वात्

९,१.५८

सामानि मन्त्रमेके स्मृत्युपदेशाभ्याम्

९,२.१

तदुक्तदोषम्

९,१.२

कर्म वा विधिलक्षणम्

९,२.३

तादृग्द्रव्यं वचनात्पाकयज्ञवत्

९,२.४

तत्रीविप्रतिपिद्धो द्रव्यान्तरे व्यतिरेतकः प्रदेशश्च

९,२.५

शब्दार्थत्वात्तुनैवं स्यात्

९,२.६

परार्थत्वाच्च शब्दानाम्

९,२.७

असम्बन्धश्च कर्मणा शब्दयोः पृथगर्थत्वात्

९,२.८

संस्कारश्चाप्रकरणेऽग्निवत्स्यात्प्रयुक्तत्वात्

९,२.९

अकार्यत्वाच्च शब्दानामप्रयोगः प्रतीयेत

९,२.१०

आश्रितत्वाच्च

९,२.११

प्रयुज्यत इति चेत्

९,२.१२

ग्रहणार्थं प्रयुज्येत

९,२.१३

तृचे स्याच्छ्रुतिनिर्देशात्

९,२.१४

शब्दार्थत्वाद्विकारस्य

९,२.१५

दर्शयति च

९,२.१६

वाक्यानां तु विभक्तत्वात्प्रतिशब्दं समाप्तिः स्यात्सं स्कारस्य तदर्थत्वात्

९,२.१७

तथा चान्यार्थ दर्शनम्

९,२.१८

अनवानोपदेशश्च तद्वत्

९,२.१९

अभ्यासेनेतरा श्रुतिः

९,२.२०

तदभ्यासः समासु स्यात्

९,२.२१

लिङ्गदर्शनाच्च

९,२.२२

नैमित्तिकं तूत्तरात्वमानन्तर्यात्प्रतीयेत

९,२.२३

ऐकार्थ्याच्च तदभ्यासः

९,२.२४

प्रागाथिकं तु

९,२.२५

प्रगाथे च

९,२.२७

लिङ्गदर्शनाव्यतिरेतकाच्च

९,२.२८

अर्थैकत्वादिद्विकल्पः स्यात्

९,२.२९

अर्थैकत्वादिद्विकल्पः स्यादृक्सामयोस्तदर्थत्वात्

९,२.३०

वचनादिद्विनियोगः स्यात्

९,२.३१

सामप्रदेशे विकारस्तदपेक्षः स्याच्छास्त्रकृत्वात्

९,२.३२

वर्णे तु वादरिर्यथाद्रव्यं द्रव्यप्यतिरेकात्

९,२.३३

स्तोभस्यैके द्रव्यान्तरे निवृत्तिमृग्वत्

९,२.३४

सर्वातिदेशस्तु सामान्याल्लीकवद्विकारः स्यात्

९,२.३५

अन्वयञ्चापि दर्शयति

९,२.३६

निवृत्तिर्वार्ऽथलोपात्

९,२.३७

अन्वयोवार्थवादः स्यात्

९,२.३८

अधिकञ्च विवर्णञ्च जैमिनिः स्तोभशब्दत्वात्

९,२.३९

धर्मस्यार्थकृतत्वाद्द्रव्यगुणविकारव्यतिक्रमप्रतिषेधे चोजनानुबन्धः समवायात्

९,२.४०

तदुत्पत्तेस्तु निष्टत्तिस्तत्कृतत्वात्स्यात्

९,२.४१

अवेश्येरन्वार्थवत्त्वात्संरकारस्य तदर्थत्वात्

९,२.४२

आख्या चैवं तदावेशाद्विकृतौ स्यादपूर्वत्वात्

९,२.४३

परार्थेन त्वर्थसामान्यं संस्कारस्य तदर्थत्वात्

९,२.४४

क्रियेरन्वार्थनिर्वृत्तेः

९,२.४५

एकार्थत्वादविभागः स्यात्

९,२.४६

निर्देशाद्वा व्यवतिष्ठेरन्

९,२.४७

अप्राकृते तद्विकाराद्विरोधाद्यवतिष्ठेरन्

९,२.४८

उभयसाम्नि चैवमेकार्थापत्तेः

९,२.४९

स्वार्थत्वाद्वा व्यवस्था स्यात्प्रकृतिवत्

९,२.५०

पार्वणहोमयोस्त्वप्रवृत्तिः समुदायार्थसंयोगात्तगभीज्याहि

९,२.५१

कालस्येति चेत्

९,२.५२

नाप्रकरणत्वात्

९,२.५३ मन्त्रवर्णाच्च

तदभावेऽग्निवगिति चेत्

९,२.५५

नाधिकारकत्वात्

९,२.५६

उभयोरविशेषात्

९,२.५७

यदभीज्या वा तद्विषयौ

९,२.५८

प्रयाजेऽपीति चेत्

९,२.५९

नाचीदितत्वात्

९,२.६०

प्रकृतौ यथोत्पत्तिवचनमर्थानां तथोत्तरस्यां ततौ तत्प्रकृतित्वात्वादर्थे चाकार्यत्वात्

९,३.१

लिङ्गदर्शनाच्च

९,३.२

जातिनैमित्तिकं यथास्थानम्

९,३.३

अविकारमेकेऽनार्षत्वात्

९,३.४

लिङ्गदक्शनाच्च

९,३.५

निकारो वातदुक्तहेतुः

९,३.६

लिङ्गं मन्त्रचिकीर्षार्थम्

९,३.७

नियमो वोभयभागित्वात्

९,३.८

लौकिके दोषसंयोगादपवृक्ते हिचोद्यते निमित्तेन प्रकृतौ स्यादभागित्वात्

९,३.९

अन्यायस्त्वविकारेणा द्रष्टप्रतिघातित्वादविशेषाच्च तेनास्य

९,३.१०

विकारो वा तदर्थत्वात्

९,३.११

अपित्वन्यायसम्बन्धात्प्रकृतिवत्परेष्वपियथार्थं स्यात्

९,३.१२

यथार्थं त्वन्यायस्याचोदितत्वात्

९,३.१३

छन्दसि तु यथादृष्टम्

९,३.१४

विप्रतिपत्तौ विकल्पः स्यात्तत्सत्वाद्गुणे त्वन्यायकल्पनैकदेशत्वात्

९,३.१५

प्रकरणविशेषाच्च

९,३.१६

अर्थाभावात्तु नैवं स्याद्गुणनात्रमितरत्

९,३.१७

द्यावोस्तथेति चेत्

९,३.१८

नोत्पत्तिशब्दत्वात्

९,३.१९

अपूर्वे त्वविकारोऽप्रदेशात्प्रतीयेत

९,३.२०

विकृतौ चापि तद्वचनात्

९,३.२१

अध्रिगुः सवनीयेषु तद्वत्समानविधानाश्चेत्

९,३.२२

प्रतिनिधौ चाविकारात्

९,३.२३

अनाम्नानादशब्दत्वमभावाच्चेतरस्य स्यात्

९,३.२४

तादर्थ्याद्वा तदाख्यंस्यात्संस्कारैरविशिष्चत्वात्

९,३.२५

उक्तञ्च तत्त्वमस्य

९,३.२६

संसर्गिषु चार्थस्यास्थितपरिमाणत्वात्

९,३.२७

लिङ्गदर्शनाच्च

९,३.२८

एकधेत्येकसंयोगादभ्यासेनाभिधानं स्यात्

९,३.२९

अविकारो वा बहूनामेककर्मवत्

९,३.३०

सकृत्त्वं चैकध्यं स्यादेकत्वात्त्वचोऽनभिप्रेतं तत्प्रकृतित्वात्परेष्वभ्यासेन विवृद्धावभिधानां स्यात्

९,३.३१

मेधपतित्वं स्वामिदेवतस्य समवायात्सर्वत्र च प्रयुक्तत्वात्तस्याचान्यायनिगदत्वात्सर्वत्रैवाविकारः स्यात्

९,३.३२

अपि वा द्विसमवायोऽर्थान्यत्वे यथासंख्यं प्रयोगः स्यात्

९,३.३३

स्वामिनो वैकशब्द्यादुत्कर्षो देवतायां स्यात्पत्न्यां द्वितीयशब्दः स्यात्

९,३.३४

देवता तु तदाशीष्ट्वात्सम्प्राप्तत्वात्स्वात्स्वामिन्यनर्थिका स्यात्

९,३.३५

उत्सर्गाच्च भक्त्यातस्मिन्पतित्वं स्यात्

९,३.३६

उत्कृष्येतैकसंयुक्तो द्विदेवते सम्भवात्

९,३.३७

एकस्तु समवायात्तस्य तल्लक्षणत्वात्

९,३.२८

संसर्गित्वाच्च तस्मात्तेन विकल्पः स्यात्

९,३.३९

एकत्वेपि गुणानपायात्

९,३.४०

नियमो बहुदेवते विकारः स्यात्

९,३.४१

विकल्पो वा प्रकृतिवत्

९,३.४२

अर्थान्तरे विकारः स्याद्देवतापृथक्त्वादेकाभिसमवायात्स्यात्

९,३.४३

षड्विंशतिरभ्यासेन पशुगणे तत्प्रकृतित्वाद्गाणस्य प्रविभक्तत्वादविकारे हि तासामकात्स्न्र्येनाभिसम्बन्धो विकारान्न समासः स्यादसंयोगाच्च सर्वाभिः

९,४.१

अभ्यासेऽपि तथेति चेत्

९,४.२

न गुणादर्थकृतत्वाच्च

९,४.३

समासेऽपि तथेति चेत्

९,४.४

नासम्भवात्

९,४.५

स्वाभिश्च वचनं प्रकृतौ तथेह स्यात्

९,४.६

वङ्क्रीणान्तु प्रधानत्वात्समासेनाभिधानं स्यात्प्राधान्यमध्रिगोस्तदर्थत्वात्

९,४.७

तासां च कृत्स्नवचनात्

९,४.८

अपि त्वसन्निपातित्वात्पत्नीवदाम्नातेनाभिधानं स्यात्

९,४.९

विकारस्तु प्रदेशत्वाद्यजमानवत्

९,४.१०

अपूर्वत्वात्तथा पत्न्याम्

९,४.११

अनाम्नातस्त्वविकारात्सङ्ख्यासु सर्वगामित्वात्

९,४.१२

सङ्खाया त्वेवं प्रधानं स्याद्वङ्क्रयः पुनः प्रधानम्

९,४.१३

अनाम्नातवचनमवचनेन हि वङ्क्रीणां स्यान्निर्देशः

९,४.१४

अभ्यासो वाविकारात्स्यात्

९,४.१५

पशुस्त्वेवं प्राधानंस्यादभ्यासस्य तन्निमित्तत्वात्तस्मात्समासशब्दः स्यात्

९,४.१६

अश्वस्य चतुस्त्रिंशत्तस्य वचनाद्वैशेषिकम्

९,४.१७

तत्प्रतिषिध्य प्रकृतिर्नियुज्यते सा चतुस्त्रिंशद्वाच्यत्वात्

९,४.१८

ऋगावास्यादाम्नातत्वादविकल्पश्च न्याय्यः

९,४.१९

तस्यां तु वचनादैरवत्पदविकारः स्यात्

९,४.२०

सर्वप्रतिषेधो वासंयागात्पदेन स्यात्

९,४.२१

वनिष्ठुसन्निधानादुरूकेण वपाभिधानम्

९,४.२२

प्रशसास्याभिधानम्

९,४.२३

बाहुप्रशंसा वा

९,४.२४

श्येन

शला

कार्त्स्न्यं वा स्यात्तथाभावात्

९,४.२६

अध्रिगोश्च तदर्थत्वात्

९,४.२७

प्रासङ्गिके प्रायश्चत्तं न विद्यते परार्थत्वात्तदर्थे हिविधीयते

९,४.२८

धारणे च परार्थत्वात्

९,४.२९

क्रियार्थत्वादितरेषु कर्म स्यात्

९,४.३०

न तूत्पन्ने यस्य चोदनाप्राप्तकालत्वात्

९,४.३१

प्रदानदर्शनं श्रपणे तद्धर्मभोजनार्थत्वात्संसर्गाच्च मधूदकवत्

९,४.३२

संस्कारप्रतिषेधश्च तद्वत्

९,४.३३

तत्प्रतिषेधे च तथाभूतस्य वर्जनात्

९,४.३४

अधर्मत्वमप्रदानात्प्रणीतार्थे विधानादतुल्यत्वादसंसर्गः

९,४.३५

परो नित्यानुवादः स्यात्

९,४.३६

विहितप्रतिषेधो वा

९,४.३७

वर्जने गुणभावित्वात्तदुक्तप्रतिषेधात्स्यात्कारणात्केवलाशनम्

९,४.३८

व्रतधर्माच्चलेपवत्

९,४.३९

रसप्रतिषेधो वा पुरुषधर्मत्वात्

९,४.४०

अभ्युदये दोगापनयः स्वधर्मा स्यात्प्रवृत्तत्वात्

९,४.४१

शृतोपदेशाच्च

९,४.४२

अपनयो वार्थान्तरे विधानाच्चरुपयोवत्

९,४.४३

लक्षणार्था शृतश्रुतिः

९,४.४४

श्रयणानां त्वपूर्वत्वात्प्रदानार्थेविधानं स्यात्

९,४.४५

गुणो वा श्रयणार्थत्वात्

९,४.४६

अर्थवादश्च तदथवत्

९,४.४७

श्रुतेश्च तत्प्रधानत्वत्

९,४.४८

अर्थवादश्च तदथवत

९,४.४९

संस्कारं प्रति भावाच्च तस्मादप्यप्रधानम्

९,४.५०

पर्यग्निकृतानामुत्सर्गे तादर्थ्यमुपधानवत्

९,४.५१

शेषप्रतिषेधो वाऽर्थाभावादिडान्तवत्

९,४.५२

पूर्वत्त्वाच्च शब्दस्य संस्थापयतीति चाप्रबृत्तेनोपपद्यते

९,४.५३

प्रबृत्तेर्यज्ञहेतुत्वात्प्रतिषेधे संस्काराणामकर्म स्यात्तत्कारितत्वाद्यथा प्रयाजप्रतिषेधे ग्रहणमाजेयस्य

९,४.५४

क्रिया वा स्यादवच्छेदादकर्म सर्वहानं स्यात्

९,४.५५

आज्यसंस्थाप्रतिनिधिः स्याद्द्रब्योत्सर्गात्

९,४.५६

समाप्तिवचनात्

९,४.५७

चोदना वा कर्मोत्सर्गादन्यैः स्यादविशिष्टत्वात्

९,४.५८

अनिज्यां च वनस्पतेः प्रसिद्धान्तेन दर्शयति

९,४.५९

संस्था तद्देवतत्वात्स्यात्

९,४.६०

<u>अध्याय १०</u>

विधेः प्रकरणान्तरेऽतिदेशात्सर्वकर्म स्यात्

१०,१.१

अपि वाभिधानसंस्कारद्रव्यर्थे क्रियेत तादर्थ्यात्

१०,१.२

तेषामप्रत्यक्षविशिष्टत्वात्

१०,१.३

इष्ठिरारम्भसंयोगादङ्गभूतान्निवर्तेतारमभस्य प्रधानसंयोगात्

१०,१.४

प्रधानाच्चान्यसंयुक्तात्कसर्वारम्भान्निवर्तेतानङ्गत्वात्

१०,१.५

तस्यां तु स्यात्प्रयाजवत्

१०,१.६

न वाङ्गभूतत्वात्

१०,१.७

एकवाक्यत्वाच्च

१०,१.८

कर्म च द्रव्यसंयोगार्थमर्थाभावान्निवर्तेत तादर्थ्यं श्रुतिसंयोगात्

१०,१.९

स्थाणौ तु देशमात्रत्वादनिबृत्तिः प्रतीयेत

१०,१.१०

अपि वा शेषभूतत्वात्संस्कारः प्रतीयेत

१०,१.११

समाख्यानं च तद्वत्

१०,१.१२

मन्त्रवर्णश्च तद्वत्

१०,१.१३

प्रयाजे च तन्न्यायत्वात्

१०,१.१४

लिङ्गदर्शनाच्च

१०,१.१५

तथाज्यभागाग्निरपीति चेत्

१०,१.१६

व्यपदेशाद्देवतान्तरम्

१०,१.१७

समत्वाच्च

१०,१.१८

पशावपीति चेत्

१०,१.१९

न तदभूतवचनात्

१०,१.२०

लिङ्गदर्शनाच्च

१०,१.२१

गुणो वा स्यात्कपालवद्गुणभूतविकाराच्च

१०,१.२२

अपि वा शेषभूतत्वात्तत्संस्कारः प्रतीयेत स्वाहाकारवदङ्गानामर्थसंयोगात्

१०,१.२३

व्यृद्धवचनञ्च विप्रतिपत्तौ तदर्थत्वात्

१०,१.२४

गुणेपीति चेत्

१०,१.२५

नासंहानात्करालवत्

१०,१.२६

ग्रहाणाञ्च सम्प्रतिपत्तौ तद्वचनं तदर्त्वात्

१०,१.२७

ग्रहाभावे च तद्वचनम्

१०,१.२८

देवतायाश्च हेतुत्वं प्रसिद्धं तेन दर्शयति

१०,१.२९

अविरुद्वोपपत्तिरर्थापत्तेः शृतवद्भूतविकारः स्यात्

१०,१.३०

स द्व्यर्थः स्यादुभयोः श्रुतिभूतत्वाद्विप्रतिपत्तौ तादर्थ्याद्विकारत्वमुक्तं तस्यार्थवादत्वम्

१०,१.३१

विप्रतिपत्तौ तासामाख्याविकारः स्यात्

१०,१.३२

अभ्यासो वा प्रयाजवदेकदेशोऽन्यदेवत्यः

१०,१.३३

चरुर्हविर्विकारः स्यादिज्यासंयोगात्

१०,१.३४

प्रसिद्धग्रहणत्वाच्च

१०,१.३५

ओदनो वान्नसंयोगात्

१०,१.३६

न द्व्यर्थत्वात्

१०,१.३७

कपालविकारो वा विशयेऽर्थोपपत्तिभ्याम्

१०,१.३८

गुणमुख्यविशेषाच्च

१०,१.३९

तच्छ्रुतौ चान्यहविष्ठात्

१०,१.४०

लिङ्गदर्शनाच्च

१०,१.४१

ओदनो वा प्रयुक्तत्वात्

१०,१.४२

अपूर्वव्यपदेशाच्च

१०,१.४३

तथा च लिङ्गदर्शनम्

१०,१.४४

स कपाले प्रकृत्या स्यादन्यस्य चाश्रुतित्वात्

१०,१.४५

एकस्मिन्वाविप्रतिषेधात्

१०,१.४६

न वार्ऽथान्चरसंयोगादपूपे पाकसंयुक्तं धारणार्थं तरौ भवति तत्रार्थात्पात्रलाभः स्यादन्यमोऽविशेषात्

१०,१.४७

चरौ वा लिङ्गदर्शनात्

१०,१.४८

तस्मिन्पेषणमनर्थलोपात्स्यात्

१०,१.४९

अक्रिया वा अपूपहेतुत्वात्

१०,१.५०

पिण्डार्थत्वाच्च संयवनम्

१०,१.५१

संवपनञ्च तादर्थ्यात्

१०,१.५२

सन्तापनमधःश्रपणात्

१०,१.५३

उपधानं च तादर्थ्यात्

१०,१.५४

पृथुश्लक्ष्णे वानपूपत्वात्

१०,१.५५

अभ्यूहश्चोपरिपाकार्थत्वात्

१०,१.५६

तथावज्वलनम्

१०,१.५७

व्युद्धृत्यासादनं च प्रकृतावश्रुतित्वात्

१०,१.५८

कृष्णलेष्वर्थलोपाकः स्यात्

१०,२.१

स्याद्वा प्रत्यक्षशिष्टत्वात्प्रदानवत्

१०,२.२

उपस्तरणाभिघारणयोपमृतार्थत्वादकर्म स्यात्

१०,२.३

क्रियेत वाऽर्थवादत्वात्तयोः संसर्गबेतुत्वात्

१०,२.४

अकर्म वा चतुर्भिराप्तिवचनात्सह पूर्णं पुनश्चतुरवत्तम्

१०,२.५

क्रिया वा मुख्यावदानपरिमाणात्सामन्यात्तद्गुणत्वम्

१०,२.६

तेषां चैकावदानत्वात्

१०,२.७

आप्तिः संख्या समानत्वात्

१०,२.८

सतोस्त्वाप्तिवचनं व्यर्थम्

१०,२.९

विकल्पस्त्वेकावदानत्वात्

१०,२.१०

सर्वविकारे त्वभ्यसानर्थक्यं हविषो हीतरस्य स्यादपि वा स्विष्टकृतः स्यादितरस्यान्याय्यत्वात्

१०,२.११

अकर्म वा संसर्गार्थनिवृत्तस्मादाप्तिसमर्थत्वं

१०,२.१२

भक्षाणां तु प्रत्यर्थत्वादकर्म स्यात्

१०,२.१३

स्याद्वा निर्धानदर्शनात्

१०,२.१४

वचनं वाज्यभक्षस्य प्रकृतौ स्यादभागित्वात्

१०,२.१५

वचनं वा हिरण्यस्य प्रदानवदाज्यस्. गुणभूतत्वात्

१०,२.१६

एकधोपहारे सहत्वं ब्रह्मभक्षाणां प्रकृतौ विहितत्वात्

१०,२.१७

सर्वत्वं च तेषामधिकारात्स्यात्

१०,२.१८

पुरिषापनयो वा तेषामवाच्यत्वात्

१०,२.१९

पुरुषापनयात्स्वकालत्वम्

१०,२.२०

एकार्थत्वादविभागः स्यात्

१०,२.२१

ऋत्विद्जानं धर्ममात्रार्थं स्याद्ददातिसामर्थ्यात्

१०,२.२२

परिक्रयार्थं वा कर्मसंयोगाल्लोकवत्

१०,२.२३

दक्षिणायुक्तवचनाच्च

१०,२.२४

नचान्येनानम्येत परिक्रीयात्कर्मणः परार्थत्वात्

१०,२.२५

परिक्रीतवचनाच्च

१०,२.२६

सनिवन्येव भृति वचनात्

१०,२.२७

नैष्कर्तृकेण समस्तवाच्च

१०,२.२८

शेषभक्षाश्च तद्वत्

१०,२.२९

संस्कारो वा द्रव्यस्य परार्थत्वात्

१०,२.३०

शेषे च समत्वात्

१०,२.३१

स्वामिनि त दर्शनात्तत्सामान्यादितरेषान्तथात्वम्

१०,२.३२

तथा चान्यार्थदर्शनम्

१०,२.३३

वरणमृत्विजामानमनार्थत्वात्सत्रे न स्यात्स्वकर्मत्वात्

१०,२.३४

परिक्रयश्च तादर्थ्यात्

१०,२.३५

प्रतिषेधश्च कर्मवत्

१०,२.३६

स्याद्वाप्रासर्पिकस्य धर्ममात्रत्वात्

१०,२.३७

न दक्षिणाशब्दात्तस्मान्नित्यानुवादः स्यात्

१०,२.३८

उदवसानीयः सत्रधर्मा स्यात्तदङ्गत्वात्तत्र दाने धर्ममात्रं स्यात्

१०,२.३९

न त्वेतत्प्रकृतित्वाद्विभक्तचोदितत्वाच्च

१०,२.४०

तेषां तु वचवाद्द्वियज्ञवत्सहप्रयोगः स्यात्

१०,२.४१

तत्रान्यानृत्विजो वृणीरन्

१०,२.४२

एकैकशस्त्वविप्रतिषेधात्प्रकृतेश्चैकसंयोगात्

१०,२.४३

कामेष्टौ च दानशब्दात्

१०,२.४४

वचनं वा सत्रत्वात्

१०,२.४५

द्वेष्ये च चोदनाद्दक्षिणापनयात्

१०,२.४६

अस्थियज्ञोऽविप्रतिषेधादितरेषां स्याद्विप्रतिषेधादस्थ्नाम्

१०,२.४७

यावादुक्तमुपयोगः स्यात्

१०,२.४८

यदि तु वचनात्तेषां जपसंस्कारमर्थलुप्तं सेष्टि तदर्थत्वात

१०,२.४९

काम्यानि तु न विद्यन्ते कामा ज्ञामाद्यथेतरस्यानुच्यमानानि

१०,२.५०

ईहार्थाश्चाभावात्सूक्तवाकवत्

१०,२.५१

स्युर्वार्ऽथवादत्वात्

१०,२.५२

नेच्छाभिधानात्तदभावादितरस्मिन्

१०,२.५३

स्युर्वा होतृकामाः

१०,२.५४

न तदाषीष्ट्वात्

१०,२.५५

सर्वस्वारस्यदिष्टगतौ समापनं न विद्यते कर्मणो जीवसंयोगात्

१०,२.५६

स्याद्वोभयोः प्रत्क्षशिष्टत्वात्

१०,२.५७

गते करमास्थियज्ञवत्

१०,२.५८

जीवत्यवचनमायुराशिषस्तदर्थत्वात्

१०,२.५९

वचनं वा भागित्वात्प्राग्यथोक्तात्

१०,२.६०

क्रिया स्याद्धर्ममात्राणाम्

१०,२.६१

गुणलोपे च मुख्यस्य

१०,२.६२

मुष्टिलोपात्तु संख्यालोपस्तद्गुणत्वात्स्यात्

१०,२.६३

न निर्वापशेषत्वात्

१०,२.६४

संख्यातु चोदनां प्रति सामान्यात्तद्विकारः संयोगाच्च परं मुष्टेः

१०,२.६५

न चोदनाभिसम्बन्धात्प्रक्रतौ संस्कारयोगात्

१०,२.६६

औतपत्तिके तु द्रव्यतो विकारः स्यादकार्यात्वात्

१०,२.६७

नैमितेतिके तु कार्यत्वात्प्रकृतेः स्यात्त दापत्तेः

१०,२.६८

विप्रतिषेधे तद्वचनात्प्राकृतगुणलोपः स्यात्तेनच कर्मसंयोगात्

१०,२.६९

परेषां प्रतिषेधः स्यात्

१०,२.७०

प्रतिषेधाच्च

१०,२.७१

अर्थाभावे संस्कारत्वं स्यात्

१०,२.७२

अर्थेन च विपर्यासे तादर्यात्तत्त्वमेव स्यात्

१०,२.७३

विकृतौ शब्दवत्त्वात्प्रधानस्य गुणानामधिकोत्पत्तिः सन्निधानात्

१०,३.१

प्रकृतिवत्तस्य चानुपरोधः

१०,३.२

चोदनाप्रभुत्वाच्च

१०,३.३

प्रधानं त्वङ्गसंयुक्तं तथाभूतमपूर्वं स्यात्तस्य विध्युपलक्षणात्सर्वो हि पूर्ववान्विधिरविशेषात्प्रवर्तितः

१०,३.४

न चाङ्गविधिरनङ्गे स्यात्

१०,३.५

कर्मणश्चै कशब्द्यात्सन्निधाने विधेराख्यासंयोगो गुणेनतद्विकारः स्याच्छब्दस्य विधिगामित्वाद्गुणस्य चोपदेश्यत्वात्

१०,३.६

अकार्यत्वाच्च नाम्नः

१०,३.७

तुल्याच प्रभुता गुणे

१०,३.८

सर्वमेवंप्रधानमिति चेत्

१०,३.९

तथाभूतेनसंयोगाद्यथार्थविधयः स्युः

१०,३.१०

विधित्वं चाविशिष्ठ मेवं प्राकृतानां वैकृतैः कर्मणायोगात्तस्मात्सर्वं प्रधानार्थम्

१०,३.११

समत्वाच्च तदुत्पत्तेः संस्कारैरधिकारः स्यात्

१०,३.१२

हिरण्यगर्भः पूर्वस्य मन्त्रलिङ्गात्

१०,३.१३

प्रकृत्यनुपरोधाच्च

१०,३.१४

उत्तरस्य वा मन्त्रार्थित्वात्

१०,३.१५

विध्यतिदेशातच्छ्रुतौ बिकारः स्याद्गुणानामुपदेश्यत्वात्

१०,३.१६

पूर्वस्मिश्चामन्त्रत्वदर्शनात्

१०,३.१७

संस्कारे तु क्रियान्तर तस्य विधयकत्वात्

१०,३.१८

प्रकृत्यनुपरोधाच्च

१०,३.१९

विधेस्तु तत्र भावात्सन्देहे यस्य शब्दस्तदर्थः स्यात्

१०,३.२०

संस्कारसामर्थ्याद्गुणसंयोगाच्च

१०,३.२१

विप्रतिषेधात्क्रियाप्रकरणे स्यात्

१०,३.२२

षड्भिर्ःदीक्षयतीति तासां मन्त्रविकारः श्रुतिसंयोगात्

१०,३.२३

अभ्यासात्तु प्रधानस्य

१०,३.२४

आवृत्त्या मन्त्रकर्म स्यात्

१०,३.२५

अपिवा प्रतिमन्त्रत्वात्प्राकृतानामहानिः स्यादन्यायश्च कृतेऽभ्यासः

१०,३.२६

पौर्वापर्यञ्चाभ्यासे नोपपद्यते नैमित्तिकत्वात्

१०,३.२७

तत्प्रथक्त्वं च दर्शयति

१०,३.२८

न चाविशेषाद्व्यपदेशः स्यात्

१०,३.२९

अग्न्याधेयस्य नैमित्तिके गुणविकारे दक्षिणादानमधिकं स्याद्वाक्यसंयोगात्

१०,३.३०

शैष्ठत्वाच्चेतरासां यथास्थानम्

१०,३.३१

विकारस्त्वप्रकरणे हि काम्यानि

१०,३.३२

शङ्कते च निवृत्तेरुभयत्वंहिश्रूयते

१०,३.३३

वासो वत्सञ्च सामान्यात्

१०,३.३४

अर्थापत्तेस्तद्धर्माः स्यान्निमित्ताख्याभिसंयोगात्

१०,३.३५

दाने पाकोऽर्थलक्षणः

१०,३.३६

पाकस्थ चान्नकारित्वात्

१०,३.३७

तथाभिघारणस्य

१०,३.३८

द्रव्यविधिसन्निधौ सङ्ख्या तेषां गुणत्वात्स्यात्

१०,३.३९

समत्वातु गुणानामेकस्य श्रुतिसंयोगात्

१०,३.४०

यस्य वा सन्निधाने स्याद्वाक्यतोह्यभिसम्बन्धः

१०,३.४१

असंयुक्तास्तु तुल्यवदितराभिर्विधीयन्ते तस्मात्सर्वाधिकारः स्यात्

१०,३.४२

असंयोगाद्विधिश्रुतावेकजाताधिकारः स्याच्छ्रुत्याकोपात्क्रतोः

१०,३.४३

शब्जार्थश्चापि लोकवत्

१०,३.४४

सापशूनामुत्पत्तितो विभागात्

१०,३.४५

अनियमोऽविशेषात्

१०,३.४६

भागित्वाद्वा गवां स्यात्

१०,३.४७

प्रत्ययात्

१०,३.४८

लिङ्गदर्शनाच्च

१०,३.४९

तत्र दानं विभागेन प्रदानानां पृथक्त्वात्

१०,३.५०

परिक्राच्च लोकवत्

१०,३.५१

विभागं चापि दर्शयति

१०,३.५२

समं स्यादश्रुतित्वात्

१०,३.५३

अपि वा कर्मवैषम्यात्

१०,३.५४

अतुल्याः स्युः परिक्रये विषमाख्या विधिश्रुतौ परिक्रयान्न कर्मण्युपपद्यते दर्शनाद्विशेषस्य तथाभ्युदये

१०,३.५५

तस्य धेनुरिति गवां प्रकृतौ विभक्तचोदितत्वात्सामान्यात्तद्विकारः स्याद्यथेष्टिर्गुणशब्देन

१०,३.५६

सर्वस्य वा क्रतुसंयोगादेकत्वं दक्षिणार्थस्य गुणानां कार्यैकत्वादर्थे विकृतौ श्रुतिभूतं स्यात्तस्मात् समवायाद्धिकर्मभिः

१०,३.५७

चोदनानामनाश्रयाल्लिङ्गेन नियमः स्यात्

१०,३.५८

एका पञ्चेति धेनुवत्

१०,३.५९

त्रिवत्सश्च

१०,३.६०

तथा च लिङ्गदर्शनम्

१०,३.६१

एके ति श्रुतिभूतत्वात्सङ्ख्यया गवां लिङ्गविशेषेण

१०,३.६२

प्राकाशौ तथेति चेत्

१०,३.६३

अपि त्ववयवार्थत्वाद्विभक्तप्रकृतित्वाद्गुणेदन्ताविकारः स्यात्

१०,३.६४

धेनुवच्चाश्चदक्षिणा स ब्रह्मण इति पुरुषापनयो यथा हिरण्यस्य

१०,३.६५

एके तु कर्तृसंयोगात्स्रग्वत्तस्य लिङ्गविशेषेण

१०,३.६६

अपि वा तदधिकाराद्धिरण्यवद्विकारः स्यात्

१०,३.६७

तथा च सोमचमसः

१०,३.६८

सर्वविकारो वा क्रत्वर्थे प्रतिषेधात् पशूनां

१०,३.६९

ब्रह्मदानेऽविशिष्टमिति चेत्

१०,३.७०

उत्तार्गरय क्रत्वर्थत्वात्प्रतिषिद्धस्य कर्मस्यान्न च गौणः प्रयोजनमर्थः स दक्षिणानां स्यात्

१०,३.७१

यदि तु ब्रह्मणस्तदूनं तद्विकारः स्यात्

१०,३.७२

सर्वं वा पुरुषापनयात्तासां क्रतुप्रधानत्वात्

१०,३.७३

यजुर्युक्तेऽध्वर्योर्दक्षिणा विकारः स्यात्

१०,३.७४

अपि वा श्रुतिभूतत्वात्सर्वासां तस्य भागो नियम्यते

१०,३.७५

प्रकृतिलिङ्गासंयागात्कर्मसंस्कारंविकृतावधिकं स्यात्

१०,४.१

चोदनालिङ्गसंयोगे तद्विकारः प्रतीयेत प्रकृतिसन्निधानात्

१०,४.२

सर्वत्र तु ग्रहाम्नानमधिकं स्यात्प्रकृतिवत्

१०,४.३

अधिकैश्चैकवाक्यत्वात्

१०,४.४

लिङ्गदर्शनाच्च

१०,४.५

प्राजापत्येषु चाम्नानात्

१०,४.६

आमने लिङ्गदर्शनात्

१०,४.७

उपगेषु शरवत्स्यात्प्रकृतिलिङ्गसयोगात्

१०,४.८

आनर्थक्यात्त्वधिकं स्यात्

१०,४.९

संस्कारे चान्यसंयोगात्

१०,४.१०

प्रयाजवदिति चेत्

१०,४.११

नार्थान्यत्वात्

१०,४.१२

आच्छादने त्वैकार्थ्यात्प्राकृतस्य विकारः स्यात्

१०,४.१३

अधिकं वान्यार्थत्वात्

१०,४.१४

समुच्चयं च दर्शयति

१०,४.१५

सामस्वर्थान्तरश्रुतेरविकारः प्रतीयेत

१०,४.१६

अर्थे त्वश्रूयमाणे शेषत्वात्प्राकृतस्य विकारः स्यात्

१०,४.१७

सर्वेषामविशेषात्

१०,४.१८

एकस्या वा श्रुतिसामर्थ्यात्प्रकृतेश्चाविकारात्

१०,४.१९

स्तोमविबृद्धौ त्वधिकं स्यादविबृद्धौ द्रव्यविकारः स्यादितरस्याश्रुतित्वाच्च

१०,४.२०

पवमाने स्यातां तस्मिन्नावापोद्वापदर्शनात्

१०,४.२१

वचनानित्वपूर्वत्वात्

१०,४.२२

विधिशब्दस्य मन्त्रत्वे भावः स्यात्तेन चोदना

१०,४.२३

शेषाणां वा चोदनैकत्वात्तस्मात्सर्वत्र श्रूयते

१०,४.२४

तथोत्तरस्यान्ततौ तत्प्रकृतित्वात्

१०,४.२५

प्राकृतस्य गुणश्रुतौ सगुणेनाभिधानं स्यात्

१०,४.२६

अविकारो वाऽर्थशब्दानपायात्स्याद्द्रव्यवत्

१०,४.२७

तथारम्भासमवायद्वा चोदितेनाभिधानं स्यादर्थस्य श्रुतिसमवायित्वादवचने च गुणशाःस्त्रमनर्थकंस्यात्

१०,४.२८

द्रव्येष्वारम्भगामित्वादर्थे विकारः सामर्थ्यात्

१०,४.२९

बुधन्वान्पवमानवद्विशेषनिर्देशात्

१०,४.३०

मन्त्रनिशेषनिर्देशान्न देवताविकारः स्यात्

१०,४.३१

विधिनिगमभेदात्प्रकृतौ तत्प्रकृतित्वाद्विकृतावपिभेदः स्यात्

१०,४.३२

यथोक्तं वा विप्रतिपत्तेर्न चोदना

१०,४.३३

स्विष्टकृद्देवतान्यत्वे तच्छब्दत्वान्निवर्तेत

१०,४.३४

संयोगो वाऽर्थापत्तेरभिधानस्य कर्मजत्वात्

१०,४.३५

सगुणस्य गुणलोपे निगमेषु यावदुक्तं स्यात्

१०,४.३६

सर्वस्य वैककर्म्यात्

१०,४.३७

स्विष्टकृदावापिकोऽनुयाजे स्यात्प्रयोजनवदङ्गानामर्थसंयोगात्

१०,४.३८

अन्वाहेति च शस्त्रवत्कर्म स्याच्चोदनान्तरात्

१०,४.३९

संस्कारो वा चोदितस्य शब्दस्य वचनार्थत्वात्

१०,४.४०

स्याद्गुणार्थत्वात्

१०,४.४१

मनोतायां तु वचनादविकारः स्यात्

१०,४.४२

पृष्ठार्थेऽन्यद्रथन्तरात्तद्योनिपूर्वत्वादृचां प्रविभक्तत्वात्

१०,४.४३

स्वयोनौ वा सर्वाख्यत्वात्

१०,४.४४

यूपवदिति चेत्

१०,४.४५

न कर्मसंयोगात्

१०,४.४६

कार्यत्वादुत्तरयोर्यथाप्रकृति

१०,४.४७

समानदेवते वा तृचस्याविभागात्

१०,४.४८

ग्रहाणां देवतान्यत्वे स्तुतशस्त्रयोः कर्मत्वादविकारः स्यात्

१०,४.४९

उभयपानात्पृषदाज्ये दध्नःस्यादुपलक्षणं निगमेषु पातव्यस्योपलक्षणात्

१०,४.५०

न वा परार्थत्वाद्यज्ञपतिवत्

१०,४.५१

सायाद्वा आवाहनस्य तादर्थ्यात्

१०,४.५२

न वा संस्कारशब्दत्वात्

१०,४.५३

स्याद्वाद्रव्याभिधानात्

१०,४.५४

दध्नस्तुगुणभूतत्वादाज्यपानिगमाः स्युर्गुणत्वं श्रुतेराज्यप्रधानत्वात्

१०,४.५५

दधिवा स्यात्प्रधानमाज्ये प्रथमान्त्यसंयोगात्

१०,४.५६

अपिवाज्यप्रधानत्वाद्गुणार्थे व्यपदेशे भक्त्या संस्कारशब्दः स्यात्

१०,४.५७

अपि वाख्याविकारत्वात्तेन स्यादुपलक्षणम्

१०,४.५८

न वा स्याद्गुणशास्त्रत्वात्

१०,४.५९

आनुपूर्व्यवतामेकदेशग्रहणेष्वागमवदन्त्यलोपः स्यात्

१०,५.१

लिङ्गदर्शनाच्च

१०,५.२

विकल्पो वा समत्वात्

१०,५.३

क्रमादुपजनोऽन्तेस्यात्

१०,५.४

लिङ्गमविशिष्टं सङ्ख्याया हि तद्वचनम्

१०,५.५

आदितो वा प्रवृत्तिः स्यादारम्भस्य तदादित्वाद्वचनादन्त्यत्यविधिः स्यात्

१०,५.६

एकत्रिके तृचादिषु माध्यन्दिनेछंन्दसां श्रुतिभूतत्वात्

१०,५.७

आदितो वा तन्न्यायत्वादितरस्यानुमानिकत्वात्

१०,५.८

यथानिवेशञ्च प्रकृतिवत्सङ्ख्यामात्रविकारत्वात्

१०,५.९

त्रिकस्तृचे धुर्ये स्यात्

१०,५.१०

एकस्यां वा स्तोमस्यावृत्तिधर्मत्वात्

१०,५.११

चोदनासु त्वपूर्वत्वाल्लिङ्गेन धर्मनियमः स्यात्

१०,५.१२

प्राप्तिस्तु रात्रिशब्दसम्बन्धात्

१०,५.१३

अपूर्वासु तु सङ्ख्यासु विकल्पः स्यात्सर्वासामर्थवत्त्वात्

१०,५.१४

स्तोमविवृद्धौ प्राकृतानामभ्यासेन सङ्ख्यापूरणमविकारात्सङ्ख्यायां गुणशब्दत्वादन्यस्य चाश्रुतित्वात्

१०,५.१५

आगमेन वाभ्यासस्याश्रुतित्वात्

१०,५.१६

सङ्ख्यायाश्च पृथक्त्वनिवेशात्

१०,५.१७

पराक्शब्दत्वात्

१०,५.१८

उक्ताविकाराच्च

१०,५.१९

अश्रुतित्वान्नेति चेत्

१०,५.२०

स्यादर्थचोदितानां परिमाणशास्त्रम्

१०,५.२१

आवापवचनं चाभ्यासे नोपपद्यते

१०,५.२२

साम्नाञ्चोत्पत्तिसामर्थ्यात्

१०,५.२३

धूर्येष्वपीति चेत्

१०,५.२४

नावृत्तिधर्मत्वात्

१०,५.२५

वहिष्पवमाने न ऋगागमः सामैकत्वात्

१०,५.२६

अभ्यासेन तु संख्यापूरणं सामिधेनीष्वभ्यासप्रकृतित्वात्

१०,५.२७

अविशेषान्नेति चेत्

१०,५.२८

स्यात्तद्धर्मत्वात् प्रकृतिवदभ्यस्येताऽसङ्ख्यापूरणात्

१०,५.२९

यावदुक्तं वा कृतपरिमाणत्वात्

१०,५.३०

अधिकानाञ्च दर्शनात्

१०,५.३१

कर्मस्वपीति चेत्

१०,५.३२

न चोदितत्वात्

१०,५.३३

षोडशिनो वैकृतत्वं तत्र कृत्स्नविधानात्

१०,५.३४

प्रकृतौ चाभावदर्शनात्

१०,५.३५

अयज्ञवचनाच्च

१०,५.३६

प्रकृतौ वा शिष्टत्वात्

१०,५.३७

प्रकृतिदर्शनाच्च

१०,५.३८

आम्नातंपरिसङ्ख्यार्थम्

१०,५.३९

उक्तमभावदर्शनम्

१०,५.४०

गुणादयज्ञत्वम्

१०,५.४१

तस्याग्रणाद्ग्रहणम्

१०,५.४२

उक्थ्याच्च वचनात्

१०,५.४३

तृतीयसवने वचनात्स्यात्

१०,५.४४

अनभ्यासे पराक्शब्दस्य तादर्थ्यात्

१०,५.४५

उक्थ्यविच्छेदवचनत्वाच्च

१०,५.४६

आग्रयणाद्वा पराक्शब्दस्य देशवाचत्वात्पुनराधेयवत्

१०,५.४७

विच्छेदः स्तोमसामान्यात्

१०,५.४८

उक्थ्याग्निष्टोमसंयागादस्तुतशस्त्रः स्यात्सतिहि संस्थान्यत्वम्

१०,५.४९

संस्तुतशस्त्रो वा तदङ्गत्वात्

१०,५.५०

लिङ्गदर्शनाच्च

१०,५.५१

वचनात्संस्थान्यत्वम्

१०,५.५२

अभावादतिरात्रेषुगृह्मते

१०,५.५३

अन्वयो वानारभ्य वानारभ्य विधानात्

१०,५.५४

चतुर्थेचतुर्थेऽहन्यहीनस्य गृह्मतैत्यभ्यासेन प्रतीयेतभोजनवत्

१०,५.५५

अपि वा सङ्ख्यावत्त्वान्नानाहीनेषौ गृह्मते पक्षवदेकस्मिन्संख्यार्थभावात्

१०,५.५६

भोजने तत्सङ्ख्यं स्यात्

१०,५.५७

जगक्साम्नि सामाभावागृक्तः सामतदाख्यं स्यात्

१०,५.५८

उभयसाम्नि नैमित्तिकं विकल्पेन समत्वात्स्यात्

१०,५.५९

मुख्येन वा नियम्येत

१०,५.६०

निमित्तविघातादृवा क्रतुयुक्तस्य कर्म स्यात्

१०,५.६१

ऐन्द्रवायवस्याग्रवचनादादितः प्रतिकर्षः स्यात्

१०,५.६२

अपि वा धर्माविशेषात्तद्धर्माणां स्वस्थाने प्रतरणादग्रत्वमुच्यते

१०,५.६३

धारासंयोगाच्च

१०,५.६४

कामसंयोगे तु वचनादादितः प्रतिकर्षः स्यात्

१०,५.६५

तद्देशानां वाग्रसंयोगात्तद्युक्तं कामशास्त्रं स्यान्नित्यसंयोगात्

१०,५.६६

परेषु चाग्रशब्दः पूर्ववत्स्यात्तदादिषु

१०,५.६७

प्रतिकर्षो वा नित्यार्थेनाग्रस्य तदसंयोगात्

१०,५.६८

प्रतिकर्षञ्च दर्शयति

१०,५.६९

पुरस्तादैन्द्रवायवस्याग्रस्य कृतदेशत्वात्

१०,५.७०

तुल्यधर्मत्वाच्च

१०,५.७१

तथा च लिङ्गदर्शनम्

१०,५.७२

सादनं चापि शेषत्वात्

१०,५.७३

लिङ्ग दर्शनाच्च

१०,५.७४

प्रदानं चापि सादनवत्

१०,५.७५

न वा प्रधानत्वाच्छेषत्वात्सादनन्तथा

१०,५.७६

त्र्यनीकायां न्यायोक्तेष्वाम्नानं गुणार्थं स्यात्

१०,५.७७

अपि वाहर्गणेष्वग्निवत्समानविधानं स्यात्

१०,५.७८

द्वादशाहस्य व्यूढसमूढत्वं पृष्ठवत्समानविधानं स्यात्

१०,५.७९

व्यूढो वा लिङ्गदर्शनात्समूढविकारः स्यात्

१०,५.८०

कामसंयोगात्

१०,५.८१

तस्योभयथा प्रवृत्तिरैककर्म्यात्

१०,५.८२

एकादशिनीवत् त्र्यनीका परिवृत्तिः स्यात्

१०,५.८३

स्वस्थानविवृद्धिर्वाह्नामप्रत्यक्षसङ्ख्यत्वात्

१०,५.८४

पृष्ठ्यावृत्तौ चाग्रयणस्य दर्शनात् त्रयस्त्रिंशे परिवृत्तौ पुनरैन्द्रवायवः स्यात्

१०,५.८५

वचनात्परिवृत्तिरैकादशिनेषु

१०,५.८६

लिङ्गदर्शनाच्च

१०,५.८७

छन्दोव्यतिक्रमाद्व्यूढे भक्षपवमानपरिधिकरालस्यम न्त्राणां यथोत्पत्तिवचनमूहवत्स्यात्

१०,५.८८

एकर्चे स्थानि यज्ञे स्युः स्वाध्यायवत्

१०,६.१

तृचे वा लिङ्गदर्शनात्

१०,६.२

स्वर्दृशं प्रतिवीक्षणं कालमात्रं परार्थत्वात्

१०,६.३

पृष्ठ्यस्य युगपद्विधेरेकाहवद्द्विसामत्वम्

१०,६.४

विभक्ते वा समस्तविधानात्तद्विभागेविप्रतिषिद्धम्

१०,६.५

समासस्त्वेकादशिनेषु तत्प्रकृतित्वात्

१०,६.६

विहारप्रतिषेधाच्च

१०,६.७

श्रुतितो वा लोकवद्विभागः स्यात्

१०,६.८

विहाप्रकृतित्वाच्च

१०,६.९

विशये च तदासत्तेः

१०,६.१०

त्रयस्तथेति चेत्

१०,६.११

न समत्वात्प्रयाजवत्

१०,६.१२

सर्वपृष्ठे पृष्ठशब्दात्तोषां स्यादेकदेशत्वं पृष्ठस्य कृतदेशत्वात्

१०,६.१३

विधेस्तु विप्रकर्षः स्यात्

१०,६.१४

वैरूपसामा क्रतुसंयागात् त्रिवृदेवदेकसामा स्यात्

१०,६.१५

पृष्ठार्थे वा प्रकृतिलिङ्गसंयोगात्

१०,६.१६

त्रिवृद्वदिति चेत्

१०,६.१७

न प्रकृतावकृत्स्नसंयोगात्

१०,६.१८

विधित्वात्नेति चेत्

१०,६.१९

स्यादि्वशये तन्नयायत्वात्कर्माविभागात्

१०,६.२०

प्रकृतेश्चाविकारात्

१०,६.२१

त्रिवृति सङ्ख्यात्वेन सर्वसंख्याविकारः स्यात्

१०,६.२२

स्तोमस्य वा तल्लिङ्गत्वात्

१०,६.२३

उभयसाम्नि विश्वजिद्वदि्वभागः स्यात्

१०,६.२४

पृष्टार्थे वातदर्थत्वात्

१०,६.२५

लिङ्गदर्शनाच्च

१०,६.२६

पृष्ठे रसभोजनमावृत्ते संस्थिते त्रयस्त्रिंशेऽहनि स्यात्तदानन्तर्यात्प्रकृतिवत्

१०,६.२७

अन्ते वा कृतकालत्वात्

१०,६.२८

अभ्यासे च तदभ्यासः कर्मणः पुनः प्रयोगात्

१०,६.२९

अन्ते वा कृतकालत्वात्

१०,६.३०

आवृत्तिश्चु व्यवाये कालभेदात् स्यात्

१०,६.३१

मधु न दीक्षिता ब्रह्मचारित्वात्

१०,६.३२

प्राश्येत यज्ञार्थत्वात्

१०,६.३३

मानसमहरन्तरं स्याद्भेदव्यपदेशात्

१०,६.३४

तेन च संस्तवात्

१०,६.३५

अहरन्ताच्च परेण चोदना

१०,६.३६

पक्षे सङ्ख्या सहस्रवत्

१०,६.३७

अहरङ्ग वांशुवच्चोदनाभावात्

१०,६.३८

दशमविसर्गवचनाच्च

१०,६.३९

दशमेऽहनीति च तद्गुणशास्त्रात्

१०,६.४०

सङ्ख्यासामञ्जस्यात्

१०,६.४१

पश्वतिरेके चैकस्य भावात्

१०,६.४२

स्तुतिव्यपदेशमङ्गेनविप्रतिषिद्धं व्रतवत्

१०,६.४३

वचनादतदन्तत्वम्

१०,६.४४

सत्रमेकः प्रकृतिवत्

१०,६.४५

वचनात्तु बहूनां स्यात्

१०,६.४६

अपदेशः स्यादिति चेत्

१०,६.४७

नैकव्यपदेशात्

१०,६.४८

सन्निवापञ्च दर्शयति

१०,६.४९

बहूनामिति चैकस्मिन्विशेषवचनं व्यर्थम्

१०,६.५०

अन्ये स्युर् ऋत्विजः प्रकृतिवत्

१०,६.५१

अपि वा यजमानाः स्युर् ऋत्विजामभिधानसंयोगात्तेषां स्याद्यजमानत्वम्

१०,६.५२

कर्तृ संस्कारो वचनादाधातृवदिति चेत्

१०,६.५३

स्याद्विशये तन्नयायत्वात्प्रकृतिवत्

१०,६.५४

स्वाम्याख्याः स्युर्गृहपतिवदिति चेत्

१०,६.५५

न प्रसिद्धग्रहणत्वादसंयुक्तस्य तद्धर्मेण

१०,६.५६

दीक्षितादीक्षितव्यपदेशश्च नोपपद्यतेऽर्थयोर्नित्यभावित्वात्

१०,६.५७ अदक्षिणत्वाच्च

द्वादशाहस्य सत्रत्वमासनोपायिचोदनेन यजमानबहुत्वेन च सत्रशब्दाभिसंयोगात्

१०,६.५९

यजतिचोदनादहीनत्वं स्वामिनां चास्थितपरिमाणत्वात्

१०,६.६०

अहीने दक्षिणाशास्त्रं गुणत्वात्प्रत्यह कर्मभेदः स्यात्

१०,६.६१

सर्वस्य वैककर्म्यात्

१०,६.६२

पृषदाज्यवद्वाह्नां गुणशास्त्रं स्यात्

१०,६.६३

ज्यौतिष्टोम्यस्तु दक्षिणाः सर्वासामेककर्मत्वात्प्रकृतिवत्तस्मान्नासां विकारः स्यात्

१०,६.६४

द्वादशाहे तु वचनात्प्रत्यहं दक्षिणाभेदस्तत्प्रकृतित्वात्परेषु तासां संख्याविकारः स्यात्

१०,६.६५

परिक्रयाविभागाद्वा समस्तस्य विकारः स्यात्

१०,६.६६

भेदस्तु गुणसंयोगात्

१०,६.६७

प्रत्यहं सर्वसंस्कारः प्रकृतिवत्सर्वासां सर्वशेषत्वात्

१०,६.६८

एकार्थत्वान्नेति चेत्

१०,६.६९

स्यादुत्पत्तौ कालभेदात्

१०,६.७०

विभज्य तु संस्कारवचनाद्द्वादशाहवत्

१०,६.७१

लिङ्गेन द्रव्यनिर्देशे सर्वत्र प्रत्ययः स्याल्लिङ्गस्य सर्वगामित्वादाग्नेयवत्

१०,६.७२

यावदर्थंवार्थ शेषत्वादल्पेन परिमाणं स्यात्तस्मिंश्च लिङ्गसामर्थ्यम्

१०,६.७३

आग्नेये कृत्स्त्रविधिः

१०,६.७४

ऋजीषस्य प्रधानत्वादहर्गणे सर्वस्य प्रतिपत्तिः स्यात्

१०,६.७५

वाससि मानोपावहरणे प्रकृतौ सोमस्य वचनात्

१०,६.७६

तत्राहर्गणेऽर्थाद्वासःप्रकृतिः स्यात्

१०,६.७७

मानं प्रत्युत्पादयेत्प्रकृतौ तेन दर्शनादुपावहरणस्य

१०,६.७८

हरणे वा श्रुत्यसंयोगादर्थाद्विकृतौ तेन

१०,६.७९

पशोरेकहविष्ट्वं समस्तचोदितत्वात्

१०,७.१

प्रत्यङ्गं वा ग्रहवदङ्गानां पृथक्कल्पनत्वात्

१०,७.२

हविर्भेदात्कर्मणेऽभ्यासस्तस्मात्तेभ्योऽवदानं स्यात्

१०,७.३

आज्यभागवद्वा विर्देशात्परिसंख्यास्यात्

१०,७.४

तेषां वा द्व्यवदानत्वं विवक्षन्नभिनिर्दिशेतपशोः पञ्चावदानत्वात्

१०,७.५

अंसशिरोनूकसक्थिप्रतिषेधश्च तदन्यपरिसङ्ध्यानेऽनर्थकः स्यात्प्रदानत्वात्तेषां निरवदानप्रतिषेधः स्यात्

१०,७.६

अपि वा परिसङ्ख्या स्यादनवदानीयशब्दत्वात्

१०,७.७

अब्राह्मणे च दर्शनात्

१०,७.८

शृताशृतोपदेशाच्च तेषामुत्सर्गवदयज्ञशेषत्वं

१०,७.९

इज्याशेषात्सिवष्टकृदिज्येत प्रकृचिवत्

१०,७.१०

त्र्यङ्गैर्वा शरवद्विकारः स्यात्

१०,७.११

अध्यूध्नी होतुस्त्र्यङ्गवदिडाभक्षविकारः स्यात्

१०,७.१२

शेषे वा समवैति तस्माद्रथवन्नियमः स्यात्

१०,७.१३

अशास्त्रत्वात्तु नैवं स्यात्

१०,७.१४

अपि वा दानमात्रं स्याद्भक्षशब्दानभिसम्बन्धात्

१०,७.१५

दातुस्त्वविद्यमानत्वादिडाभक्षविकारः स्याच्छेषं प्रत्यविशिष्चत्वात्

१०,७.१६

अग्नीधश्च वविष्ठुपध्यूध्नीवत्

१०,७.१७

अप्राकृतत्वान्मैत्रावरुणस्याभक्षत्वम्

१०,७.१८

स्याद्वा होत्रध्वर्युविकारत्वात्तयो कर्माभिसम्बन्धात्

१०,७.१९

द्विभागः स्याद्द्विकर्मत्वात्

१०,७.२०

एकत्वाद्वैकभागः स्याद्भागस्याश्रुतिभूतत्वात्

१०,७.२१

प्रतिप्रस्थातुश्च वपाश्रपणात्

१०,७.२२

अभक्षो वा कर्मभेदात्तस्याः सर्वप्रदानत्वात्

१०,७.२३

विकृतौ प्राकृतस्य विधेर्ग्रहणात्पुनः श्रुतिरनर्थिका स्यात्

१०,७.२४

अपि वाऽग्नेयवद्द्विशब्दत्वं स्यात्

१०,७.२५

न वा शब्दपृथक्त्वात्

१०,७.२६

अधिकं वार्थवत्त्वात्स्यादर्थवादगुणाभावे वचनादविकारे तेषु हि तादर्थ्यं स्यादपूर्वत्वात्

१०,७.२७

प्रतिषेधः स्यादिति चेत्

१०,७.२८

नाश्रुतत्वात्

१०,७.२९

अग्रहणादिति चेत्

१०,७.३०

न तुल्यत्वात्

१०,७.३१

तथा तद्ग्रहणे स्यात्

१०,७.३२

अपूर्वतां तु दर्शयोद्ग्रहणस्यार्थवत्त्वात्

१०,७.३३

ततोऽपि यावदुक्तं स्यात्

१०,७.३४

स्विष्टकृद्भक्षप्रतिषेधः स्यात्तुल्यकारणत्वात्

१०,७.३५

अतिषेधो वा दर्शनादिडायां स्यात्

१०,७.३६

प्रतिषेधो वा विधिपूर्वस्य दर्शनात्

१०,७.३७

शंय्विडान्तत्वे विकल्पः स्यात्परेषु पत्न्यनुयाजप्रतिषेधोऽनर्थकः स्यात्

१०,७.३८

नित्यानुवादो वा कर्मणः स्यादशब्दत्वात्

१०,७.३९

प्रतिषेधार्थवत्त्वाच्चोत्तरस्य परस्तात्प्रतिषेधः स्यात्

१०,७.४०

प्राप्तेर्वा पूर्वस्य वचनादतिक्रमः स्यात्

१०,७.४१

प्रतिषेधस्य त्वरायुक्तत्वात्तस्य च नान्यदेशत्वम्

१०,७.४२

उपसत्सु यावदुक्तमकर्म स्यात्

१०,७.४३

स्त्रोवेण वागुणत्वाच्छेपप्रतिषेधः स्यात्

१०,७.४४

अतिषेझं वा प्रतिषिध्यप्रतिप्रसवात्

१०,७.४५

अनिज्या वा शेषस्य मुख्यदेवतानभीज्यत्वात्

१०,७.४६

अवभृथे बर्हिषः प्रतिषेधाच्छेषकर्म स्यात्

१०,७.४७

आज्यभागयोर्वा गुणत्वाच्छेषप्रतिषेधः स्यात्

१०,७.४८

प्रयाजानां त्वेकदेशप्रतिषेधाद्वाक्यशेषत्वं तस्मान्नित्यानुवादः स्यात्

१०,७.४९

आज्यभागयोर्ग्रहणं वित्यानुवादो वा गृहमेधीयवत्स्यात्

१०,७.५०

विरोधिनामेकश्रुतौ नियमः स्याद्ग्रहणस्यार्थवत्त्वाच्छरवच्च श्रुतितो विशिष्टत्वात्

१०,७.५१

उभयप्रदेशान्नेतिचेत्

१०,७.५२

शरेष्वपीति चेत्

१०,७.५३

विरोध्यग्रहणात्तथा शरेष्विति चेत्

१०,७.५४

तथेतरास्मिन्

१०,७.५५

श्रुत्यानर्थक्यमिति चेत्

१०,७.५६

ग्रहणस्यार्थवत्त्वाद्ग्रहणमप्रवृत्ते स्यात्

१०,७.५७

अधिकं स्यादिति चेत्

१०,७.५८

अधिकं स्यादिति चेत्

१०,७.५९

नार्थाभावात्

१०,७.६०

तथैकार्थविकारे प्राकृतस्याप्रवृत्तिः प्रवृत्तौ हि विकल्पः स्यात्

१०,७.६१

यावच्छ्रुतीति चेत्

१०,७.६२

न प्रकृतावशब्दत्वात्

१०,७.६३

विकृतौ त्वनियमः स्यात्प्रषदाज्यवद्ग्रहणस्य गुणार्थत्वादुभयोश्च प्रदिष्टत्वाद्गुणशास्त्रं यदेति स्यात्

१०,७.६४

ऐकार्थ्याद्वा नियभ्येत श्रुतितो विशिष्टत्वात्

१०,७.६५

विरोधित्वाच्च लोकवत्

१०,७.६६

क्रतोश्चतद्गुणत्वात्

१०,७.६७

विरोधिनाञ्च तच्छ्रुतावशब्दत्वाद्विकल्पः स्यात्

१०,७.६८

पृषदाज्ये समुच्चयाद्ग्रहणस्य गुणार्थत्वम्

१०,७.६९

यद्यपिचतुरवत्तीति तु नियमे नोपपद्यते

१०,७.७०

क्रत्वन्तरे वा तन्नयायत्वात्कर्मभेदात्

१०,७.७१

यथाश्रुतीति चेत्

१०,७.७२

न चोदनैकत्वात्

१०,७.७३

प्रतिषेधः प्रदेशेऽनारभ्यविधाने च प्राप्तप्रतिषिद्धत्वाद्विव कल्पःस्यात्

१०,८.१

अर्थप्राप्तवदिति चेत्

१०,८.२

न तुल्यहेतुत्वादुभयं शब्दलक्षणम्

१०,८.३

अपि तु वाक्यशेषः स्यादन्याय्यत्वाद्विकल्पस्य विधोनामेकदेशः स्यात्

१०,८.४

अपूर्वे चार्थवादः स्यात्

१०,८.५

शिष्ट्वा तु प्रतिषेधः स्यात्

१०,८.६

न चेदन्यं प्रकल्पयेत्प्रक्लृप्तावर्थवादः स्यादानर्थक्यात्परसामर्थ्याच्च

१०,८.७

पूर्वैश्चच तुल्यकालत्वात्

१०,८.८

उपवादश्च तद्वत्

१०,८.९

प्रतिषेधादकर्मेति चेत्

१०,८.१०

न शब्दपूर्वत्वात्

१०,८.११

दीक्षितस्य दानहोमपाकप्रतिषेधोऽविशेषात्सर्वदानहोमपाकप्रतिषेधः स्यात्

१०,८.१२

अक्रतुयुक्तानां वा धर्मः स्यात्क्रतोः प्रत्यक्षशिष्टत्वात्

१०,८.१३

तस्य वाप्यानुमानिकमविशेषात्

१०,८.१४

अपि तु वाक्यशेषत्वादितरपर्युदासः स्यात्प्रतिषेधे विकल्पः स्यात्

१०,८.१५

अविशेषेण यच्छास्त्रमन्याय्यत्वाद्विकल्पस्य तत्सन्दिग्धमाराद्विशेषशिष्ट स्यात्

१०,८.१६

अकरणे तु यच्छास्त्रं विशेषे श्रुयमाणमविकृतमाज्य भागवत्प्राकृतप्रतिषेधार्थम्

१०,८.१७

विकारे तु तदर्थं स्यात्

१०,८.१८

वाक्यशेषो वा क्रतुना ग्रहणात्स्यादनारभ्यविधानस्य

१०,८.१९

मन्त्रेष्ववाक्यशेषत्वं गुणोपदेशात्स्यात्

१०,८.२०

अनाम्नाते च दर्शनात्

१०,८.२१

प्रतिषेधाच्च

१०,८.२२

अग्न्यतिग्राह्यस्य विकृतावुपदेशादप्रवृत्तिः स्यात्

१०,८.२३

मासि ग्रहणञ्च तद्वात्

१०,८.२४

ग्रहणं वा तुल्यत्वात्

१०,८.२५

लिङ्गदर्शनाच्च

१०,८.२६

ग्रहणं समानविधानं स्यात्

१०,८.२७

मासिग्रहणमभ्यासप्रतिषेधार्थम्

१०,८.२८

उत्पत्तितादर्थ्याच्चतुरवत्तम प्रधानस्य
होमसंयोगादधिकमाज्यमतुल्यत्वाल्लोकवदुत्पत्तेर्गुणभूतत्वात्

१०,८.२९

तत्संस्कारश्रुतेश्च

१०,८.३०

ताभ्यां वा सह स्विष्टकृतः सकृत्त्वे द्विपभिघारणेन तदाप्तिवचनात्

१०,८.३१

तुल्यवच्चाभिधाय सर्वेषु भक्त्यनुक्रमणात्

१०,८.३२

साप्तदश्यवन्नियम्येत

१०,८.३३

हविषो वा गुणभूतत्वात्तथाभूतविवक्षा स्यात्

१०,८.३४

पुरोडाशाभ्यामित्यधिकृतानां पुरोडाशयोरुपदेशस्तच्छ्रुतित्वाद्वैश्यस्तोमवत्

१०,८.३५

न त्वनित्याधिकारोऽस्ति विधौ नित्येनसम्बन्धस्तस्मादवाक्यशेषत्वम्

१०,८.३६

सति च नैकदेशेन कर्तुः प्रधानभूतत्वात्

१०,८.३७

कृत्स्नत्वात्तु तथा स्तोमे

१०,८.३८

कर्तुः स्यादिति चेत्

१०,८.३९

न गुणार्थत्वात्प्राप्ते न चोपदेशार्थः

१०,८.४०

कर्मणोस्तु प्रकरणे तन्न्यायत्वाद्गुणानां लिङ्गेन कालशास्त्रं स्यात्

१०,८.४१

यदि तु सान्नाय्यं सोमयाजिनो न ताभ्यां समवायोस्ति विभक्तकालत्वात्

१०,८.४२

अपि वा विहितत्वाद्गुणार्थायां पुनः श्रुतौ सन्देहे श्रुतिर्द्विदेवतार्था स्याद्यथानभिप्रेतस्तथाऽग्नेयो दर्शनादेकदेवते

१०,८.४३

विधिं तु बादरायणः

१०,८.४४

प्रतिषिद्धविज्ञानाद्वा

१०,८.४५

तथा चान्यार्थदर्शनम्

१०,८.४६

उपांशुयाजमन्तरा यजतीति हविर्लिङ्गाश्रुतित्वाद्यथाकामी प्रतीयेत

१०,८.४७

ध्रौवाद्वा सर्वसंयोगात्

१०,८.४८

तद्वच्च देवतायां स्यात्

१०,८.४९

तान्द्रीणां प्रकरणात्

१०,८.५०

धर्माद्वा स्यात्प्रजापतिः

१०,८.५१

देवतायास्त्वनिर्वचनं तत्र शब्दस्येह मृदुत्वं तस्मादिहाधिकारेण

१०,८.५२

विष्णुर्वा स्याद्धौत्राम्नानादमावास्याहविश्च स्याद्धौत्रस्य तत्र दर्शनात्

१०,८.५३

अपि वा पौर्णमास्यां स्यात्प्रधानशब्दसंयोगाद्गुणत्वान्मन्त्रो यथा प्रधान स्यात्

१०,८.५४

आनन्तर्यञ्च सान्नाय्यस्य पुरोडाशेन दर्शयत्यमावास्या विकारे

१०,८.५५

अगनीषामविधानासत्तु पौर्णमास्यामुभयत्र विधीयते

१०,८.५६

प्रतिषिद्ध्यविधानाद्वा विष्णुः समानदेशः स्यात्

१०,८.५७

तथा चान्यार्थदर्शनम्

१०,८.५८

न चानङ्ग सकृच् छ्रुताव् उभयत्र विधीयोतासम्बन्धात्

१०,८.५९

गुणानां च परार्थत्वात्प्रवृत्तौ विधिलिङ्गानि दर्शयति

१०,८.६०

विकारे चाश्रुतित्वात्

१०,८.६१

द्विपुरोडाशायां स्यादन्तरार्थत्वात्

१०,८.६२

अजामिकरणार्थत्वाच्च

१०,८.६३

तदर्थमिति चेन्नतत्प्रधानत्वात्

१०,८.६४

अशिष्ठेन च सम्बन्धात्

१०,८.६५

उत्पत्तेस्तु निवेशः स्याद्गुस्यानुपरोधेनार्थस्य
निद्यमानत्वाद्विधानादन्तरार्थस्य नैमित्तिकत्वात्तदभावेऽश्रुतौ स्यात्

१०,८.६६

उभयोस्तु विधानात्

१०,८.६७

गुणानाञ्च परार्थत्वादुपवेषवद्यदेति स्यात्

१०,८.६८

अनपायश्च कालस्य लक्षणं हि पुरोडाशौ

१०,८.६९

प्रशंसार्थमजामित्वम्

१०,८.७०

अध्याय ११

प्रयोजनाभिसम्बन्धात्पृथक् सतौततः स्यादैककर्म्यमेक शब्दाभिसंयोगात्

११,१.१

शेषवद्वा प्रयोजनं प्रतिजनं प्रतिकर्म विभज्येत

११,१.२

अविधानात्तु नैवं स्यात्

११,१.३

शेषस्य हि परार्थत्वाद्विधानात्प्रतिप्रधानभावः स्यात्

११,१.४

अङ्गनान्तु शब्दभेदात्क्रतुवत्स्या त्फलानयत्वम्

११,१.५

अर्थभेदस्तु तत्राथैहैतार्थ्यदैककर्म्यम्

११,१.६

शब्दभेदान्नेति चेत्

११,१.७

कर्मार्थत्वात्प्रयोगे ताच्छब्द्यं स्यात्तदर्थत्वात्

११,१.८

कर्तृविधेर्नानार्थत्वाद्गुणप्रधानेषु

११,१.९

आरम्भस्य शब्दपूर्वत्वात्

११,१.१०

एकेनापि समाप्येत कृतार्थत्वाद्यथा क्रत्वन्तरेषुप्राप्तेषुचो त्तरावत्स्यात्

११,१.११

फलाभावान्नेति चेत्

११,१.१२

न कर्मसंयोगात्प्रयोजनबशब्ददोषं स्यात्

११,१.१३

एकशब्द्यादिति चेत्

११,१.१४

नार्थपृथक्त्वात्,मत्वादगुणत्वम्

११,१.१५

विधेस्त्वेकश्रुतित्वादपर्यायविधानान्नित्यच्छ्रुतभूताभिसंयोगादर्थेन युगपत्प्राप्तेर्यथाप्राप्तं स्वशब्दो निवीतवत्सप्वप्रयोगे प्रवृत्तिः स्यात्ष मिमांसा

११,१.१६

तथा कर्मोपदेशत्वात्

११,१.१७

क्रत्वन्तरेषु पुनर्वचनम्

११,१.१८

उत्तरास्वश्रुतित्वाद्विशेषाणां कृतार्थत्वात्संदोहे यथाकामी प्रतीयेत

११,१.१९

कर्मण्यारम्भभाव्यत्वात्कृषिवत्प्रत्यारभ्भं फलानि स्युः

११,१.२०

अधिकारश्च सर्वेषां कार्यत्वादुपपद्यते विशेषः

११,१.२१

सकृत्तु स्यात्कृतार्थत्वादङ्गवत्

११,१.२२

शब्दार्थश्च तथा लोके

११,१.२३

अपि वा संप्रयोगे यथाकामी प्रतायेताश्रुतित्वाद्विधिषप वचनानि स्युः

११,१.२४

एकशब्द्यात्तथाङ्गेषु

११,१.२५

लोके कर्मार्ऽथ लक्षणम्

११,१.२६

क्रियाणामर्थशेषत्वात्प्रत्यक्षतस्तन्निर्वृ त्यापवर्गः स्यात्

११,१.२७

धर्ममात्रे त्वदर्शनाच्छब्दार्थेनापवर्गः स्यात्

११,१.२८

क्रतुवच्चानुमानेनाभ्यासे फलभूमा स्यात्

११,१.२९

सकृद्वा कारणैकत्वात्

११,१.३०

परिमाणं चानियमेन स्यात्

११,१.३१

फलस्यारम्भनिर्वृत्तेः क्रतुषु स्यात्फलान्यत्वम्

११,१.३२

अर्थवांस्तु नैकत्वादभ्यासः स्यादनर्थको यथा भोजन मेकस्मिन्नर्थस्यापरिमाणत्वात्प्रधाने च क्रियार्थत्वादनियमः स्यात्

११,१.३३

पृथक्त्वादि्वधितः परिमाणं स्यात्

११,१.३४

अनभ्यासो वा प्रयोगवचनैकत्वात्सर्वम्ययुगपच्छास्त्रा दफलत्वाच्च कर्मणः स्यात्क्रियार्थत्वात्

११,१.३५

अभ्यासो वा छेदनसंमार्गावदानेषु वचनात्सकृत्त्वस्य

११,१.३६

अनभ्यासस्तु वाच्यत्वात्

११,१.३७

बहुवचनेन सर्वप्राप्तेर्विकल्पः स्यात्

११,१.३८

दृष्टः प्रयोग इति चेत्

११,१.३९

भक्तयेति चेत्

११,१.४०

तथोतरस्मिन्

११,१.४१

प्रथमं वा नियम्येत कारणादतिक्रमः स्यात्

११,१.४२

श्रुत्यर्थाविशेषात्

११,१.४३

तथा चान्यार्थदर्शनम्

११,१.४४

प्रक

त्या च पूर्ववत्तदासत्तेः

उत्तरासु यावत्स्वमपूर्वत्वात्

११,१.४६

यावत्स्वं वान्यविधानेनावादः स्यात्

११,१.४७

साकल्यविधानात्

११,१.४८

बहूर्थत्वाच्च

११,१.४९

अग्निहोत्रे चाशेषवद्यवागूनियमः प्रतिषेधःकुमांराणाम्

११,१.५०

सर्वप्रायिणापि लिङ्गेन संयुज्यते देवताभिसंयोगात्

११,१.५१

पूधानकर्मार्थत्वादङ्गानां तद्भेदात्कर्मभेदः प्रयोगे स्यात्

११,१.५२

क्रमकोपश्च यौगपद्यात् स्यात्

११,१.५३

तुल्यानां तु यौग पद्यमेकशब्दोपदेशात्स्याद्विशेषाग्रहणात्

११,१.५४

एकार्थ्यादव्यवायः स्यात्

११,१.५५

तथाचान्यार्थदर्शनं कामुकायनः

११,१.५६

तन्नयायत्वादशक्तेरानुपूर्व्यं स्यात्संस्कारस्य तदर्थत्वात्

११,१.५७

असंसृष्टोऽपि तादर्थ्यात्

११,१.५८

विभवाद्वा प्रदीपवत्

११,१.५९

अर्थात्तु लोके विधितः प्रतिप्रधानं स्यात्

११,१.६०

सकृदिज्यां कामुकायनः परिमाणविरोधात्

११,१.६१

विधेस्त्वितरार्थत्वात्सकृदिज्याश्रुतिव्यतिक्रमः स्यात्

११,१.६२

विधिवत्प्रकरणाविभागे प्रयोगं बादरायणः

११,१.६३

अपि चैकेन सन्निधानमविशेषकोहेतुः

११,१.६४

क्कतिद्विधानान्नेति चेत्

११,१.६५

न विधेश्चोदित्वात्

११,१.६६

व्याख्यातं तुल्यानां यौगपद्यमगृह्यमाणविशेषाणाम्

११,१.६७

भदर्तु कालभेदाच्चोदनाव्यवायात्स्याद्विशिष्टानां विधिप्रधानकात्वात्

११,१.६८

तथा चान्यार्थदर्शनम्

११,१.६९

विधिरिति चेन्न वर्तमानापदेशात्

११,१.७०

एकदेशकालकर्तृत्व मुख्यानामेकशब्दोपदेशात्

११,२.१

अविधिश्तेत्कर्मणामभिसम्बन्धः प्रतीयेत तल्लक्षणार्थाभिसंयोगाद्विधित्वाच्चेतरेषां प्रतिप्रधानभावः स्यात्

११,२.२

अङ्गेषु च तदभावः प्रधानं प्रतिनिर्देशात्

११,२.३

यदि तु कर्मणो विधिसम्बन्धः स्यादैकशब्द्याल्प्रधानार्थाभिधासंयोगात्

११,२.४

तथा तान्यार्थदर्शनम्

११,२.५

श्रुतिश्चैषां प्रधानवत्कर्मश्रुतेः परार्थत्वात्

११,२.६

कर्मणोऽश्रुतित्वाच्च

११,२.७

अङ्गानि तु विधिनत्वात्प्रधानेनोपदिश्येरंस्तस्मात्स्यादे कगेशत्वम्

११,२.८

द्रव्यदेवतं तथेति चेत्

११,२.९

न चोदनाविधिशेषरवान्नियमार्थो विशेषः

११,२.१०

तेषु समवेतानां समवायात्तन्त्रमङ्गानि भेदस्तु तद्भैदात्कर्मभेदः प्रयोगे स्यात्तेषां प्रधानशब्दत्वात्तथा चान्यार्थदर्शनम्

११,२.११

इष्टिराजसूयचातुर्मास्येष्वैककर्म्यादङ्गानां तन्त्रभावः स्यात्

११,२.१२

कालभेगान्नेति चेत्

११,२.१३

नैकदेशत्वात्पशुवत्

११,२.१४

अपि वा कर्मपृथक्त्वात्तेषां तन्त्रविधानात्साङ्गानामुपदेशः स्यात्

११,२.१५

तथा चान्यार्थदर्शनम्

११,२.१६

तथा तदवयवेषु स्यात्

११,२.१७

पशौ तु चेदनैकत्वात्तन्त्रस्य विप्रकर्षः स्यात्

११,२.१८

तथा स्यादध्वरकल्पेष्टौ विशेषस्यैककालत्वात्

११,२.१९

इष्टिरिति चैकवच्छ्रुतिः

११,२.२०

अपि वाकर्मपृथकत्वात्तेषां च तन्त्रविधानात्साङ्गानामुपदेशः स्यात्

११,२.२१

प्रथमस्य वा कालवचनम्

११,२.२२

फलैकत्वादिष्टिशब्दो यथान्यत्र

११,२.२३

वसाहोमस्तन्त्रमेकदेवतेषु स्यात्प्रदानस्यैककालत्वात्

११,२.२४

कालभेदात्वावृत्तिर्देवताभेदे

११,२.२५ अन्ते यूपाहुतिस्तद्वत्

इतरप्रतिषेधो वा

११,२.२७

अशास्त्रत्वाच्च देशानाम्

११,२.२८

अवभृथे प्रधानेऽग्निविकारः स्यान्न हि तद्धेतुरग्निसंयोगः

११,२.२९

साङ्गो वा प्रयोदवचनैकत्वात्

११,२.३०

लिङ्गदर्शनाच्च

११,२.३१

शब्दविभागाच्च देवतानपनयः

११,२.३२

दक्षिणेऽग्नौ वरुणप्रधासेषु देशभेदात्सर्वं क्रियते

११,२.३३

अचोदनेतिचेत्

११,२.३४

स्यात्पौर्णमासीवत्

११,२.३५

प्रयोगचेदनेति चेत्

११,२.३६

इहापिमारुत्याः प्रयागश्चोद्यते

११,२.३७

आसादानमिति चेत्

११,२.३८

नोत्तरेणैकवाक्यत्वात्

११,२.३९

अवाच्यत्वात्

११,२.४०

आमनायवचनं तद्वत्

११,२.४१

कर्तृभेदस्तथेति चेत्

११,२.४२

न समवायात्

११,२.४३

लिङ्गदर्शनाच्च

११,२.४४

वेदिसंयोगादिति चेत्

११,२.४५

न देशमात्रत्वात्

११,२.४६

एकवाक्यत्वात्

११,२.४७

एकाग्नित्वादपरेषु तन्त्रं स्यात्

११,२.४८

नाना वा कर्तृभेदात्

११,२.४९

पर्यग्निकृतानामुत्सर्गे प्राजापत्यानां कर्मोत्सर्गः श्रुतिसामानयादारण्यवत्तस्माद्भ्मसाम्नि चोदनापृथक्तवं स्यात्

११,२.५०

संस्कारप्रतिषेधो वा वाक्यैकत्वो क्रतुसामान्यात्

११,२.५१

वाक्यैकत्वे क्रतुसामान्यात्

११,२.५२

वपानां चानभिघारणस्य दर्शनात्

११,२.५३

पञ्चशारदीयास्तथेति चेत्

११,२.५४

न चेदनैकवाक्यत्वात्

११,२.५५

यातयामत्वाच्च

११,२.५६

संस्कारणां च तद्दर्शनात्

११,२.५७

दशपेये क्रयप्रतिकर्षात्प्रतिकर्षस्ततः प्राचां तत्समानं तन्त्रं स्यात्

११,२.५८

समानवचनं तद्वत्

११,२.५९

अतिकर्षो वाऽर्थहेतुत्वात्

११,२.६०

पूर्वस्मिंश्चावभृथस्य दर्शनात्

११,२.६१

समानः कालसामान्यात्

११,२.६२

विष्कासस्यावभृथे तदेकदेशत्वात्पशुवत्प्रदानविप्रकर्षः स्यात्

११,२.६३

अपनयो वा प्रसिद्धेनाभिसंयोगात्

११,२.६४

प्रतिपत्तिरिति चेन्न कर्मसंयोगात्

११,२.६५

उदयनीये च तद्वत्

११,२.६६

प्रतिपत्तिर्वातकर्मसंयोगात्

११,२.६७

अर्थकर्म वा शेषत्वाच्छ्रयणवत्तदर्थेनविधानात्

११,२.६८

अङ्गानां मुख्यकालत्वाद्वचनादन्यकालत्वम्

११,३.१

द्रव्यस्य कर्मकालनिष्पत्तेः प्रयोगः सर्वार्थः स्यात्स्बकालत्वात्

११,३.२

यूपश्चाकर्मकालत्वात्

११,३.३

एकयूपं च दर्षयति

११,३.४

संस्कारास्त्वावर्तेरन्नर्थकालत्वात्

११,३.५

तत्कालस्तु यूपकर्मत्वात्तस्य धर्मविधानात्सर्वार्थानां च वचनादन्यकालत्वम्

११,२.६

सकृन्मानं च दर्शयति

११,२.७

स्वरुस्तन्त्रापवर्गः स्यादस्वकालत्वात्

११,२.८

साधारणे वानुनिष्पत्तिस्तस्य साधारणत्वात्

११,३.९

सोमान्ते च प्रतिपत्तिदर्शनात्

११,३.१०

न चोत्पत्तिवाक्यत्वात्प्रदेशात्प्रस्तरे तथा

११,३.११

अहर्गणे विषाणाप्रासनं धरमविप्रतिषेधादन्ते प्रथमे वाहनि विकल्पः स्यात्

११,३.१२

पाणेस्त्वश्रुतिभूतत्वाद्विशाणानियमः स्यात्प्रातः सवनमध्यत्वाच्छिष्टे चाभिप्रवृत्तत्वात्

११,३.१३

शिष्ठे चाभिप्रवृत्तत्वात्

११,३.१४

वाग्विसर्गो हविष्कृता वीजभेदे तथा स्यात्

११,३.१५

यथाह्वानमपीतिचेत्

११,३.१६

पशौ च पुरोडाशे समानतन्त्रं भवेत्

११,३.१७

अङ्गप्रधानार्थोयोगः सर्वापवर्गे विमोकः स्यात्

११,३.१८

प्रधानापवर्गे वा तदर्थत्वात्

११,३.१९

अवभृथे च तद्वत्प्रधानार्थस्य प्रतिषेधोऽपवृक्तार्थत्वात्

११,३.२०

अहर्गणे च प्रत्यहं स्यात्तदर्थत्वात्

११,३.२१

सुब्रह्मण्या तु तन्त्रं दीक्षावदन्यकालत्वात्

११,३.२२

तत्कालात्त्वादावर्तेत प्रयागतो विशेषसम्बन्धात्

११,३.२३

अयोदाङ्गमिति चेत्

११,३.२४

प्रयोगनिर्देशात्कर्तृभेदवत्

११,३.२५

तद्भूतस्थानादग्निवदिति चेत्तदपरगस्तदर्थत्वात्

११,३.२६

अग्निवदिति चेत्

११,३.२७

न प्रयोगसाधारण्यात्

११,३.२८

लिङ्गदर्शनाच्च

११,३.२९

तद्विध तथेति चेत्

११,३.३०

नाशिष्टत्वादितरन्यायत्वाच्च

११,३.३१

विध्येकत्वादिति चेत्

११,३.३२

न कृत्स्नस्य पुनः प्रयोगात्प्रधानवत्

११,३.३३

लौकिकेतु यथाकामी संस्कारानर्थलोपात्

११,३.३४

यज्ञायुधानि धार्येरन्प्रतिपत्तिविधानादृजीषवत्

११,३.३५

यजमानसंस्कारो वा तदर्थः श्रूयते तत्र यथाकामी तदर्थ त्वात्

११,३.३६

मुख्यधारणं वा मरणस्यानियत्वात्

११,३.३७

यो वा यजनीयेहनि म्रियेत सोऽधिकृतः स्यादुपवेषवत्

११,३.३८

न शास्त्रलक्षणत्वात्

११,३.३९

उत्पत्तिर्वा प्रयोजकत्वादाशिपवत्

११,३.४०

शब्दासामञ्जस्यमिति चेत्

११,३.४१

तथाऽशिरेऽपि

११,३.४२

शास्त्रात्तु विप्रयोगस्तत्रैकद्रव्यचिकीर्षा प्रतावथेहापूर्वार्थवद्भूतोपदेशः

११,३.४३

प्रकृत्यर्थत्वात्पौर्णमास्याः क्रियेरन्

११,३.४४

अग्न्याधेये वाविप्रतिषेधात्तानि धारयेन्मरणस्यानिमित्तवात्

११,३.४५

प्रतिपत्तिर्वा यथान्येषाम्

११,३.४६

उपरिष्टात्सोमानां प्राजापत्यैश्चरन्तीति

११,३.४७

अङ्गविपर्यासोविनावचनादिति चेत्

११,३.४८

उत्कर्षः संयोगात्कालमात्रमितरत्र

११,३.४९

प्रकृतिकालासत्तेः शस्त्रवतामिति चेत्

११,३.५०

न श्रुतिप्रतिषेधात्

११,३.५१

विकारस्थाने इति चेत्

११,३.५२

न चोदनापृथक्त्वात्

११,३.५३

उत्कर्षे सूक्तवाकस्य न सोमदेवतानामुत्कर्षः पश्वनङ्गत्वाद्यथा निष्कर्षेनान्वयः

११,३.५४

वाक्यसंयोगाद्वोत्कर्षः समानतन्त्रत्वादर्थलोपादन्नवयः

११,३.५५

चोदनैकत्वाद्राजसूयेऽनुक्तदेशकालानां समवायात्तन्त्रमङ्गानि

११,४.१

प्रतिदक्षिणं वा कर्तृसम्बन्धादिष्टिवदङ्गभूतत्वात्समुदायो हि तन्निर्वृत्त्यातदेकत्वादेकत्वादेकशब्दोपदेशः स्यात्

११,४.२

तथा चान्यार्थदर्शनम्

११,४.३

अनियमः स्यादिति चेत्

११,४.४

नोपदिष्टत्वात्

११,४.५

प्रयोजनैकत्वात्

११,४.६

अविशेषार्था पुनः श्रुतिः

११,४.७

अवेष्टौ चैकतन्त्र्यं स्याल्लिङ्गदर्शनाद्वचनात् कामसंयोगेन

११,४.८

क्रत्वर्थायामिति चेन्न वर्णसंयोगात्

११,४.९

पवमानहविःष्वैकतन्त्र्. प्रयोगवचनैकत्वात्

११,४.१०

लिङ्गदर्शनाच्च

११,४.११

वर्तमानापदेशाद्वचनात्तु तन्त्रभेदः स्यात्

११,४.१२

सहत्वे नित्यानुवादः स्यात्

११,४.१३

द्वादशाहे तु प्रकृतित्वादेकैकमहपरवृज्येत कर्मपृथक्त्वात्

११,४.१४

अह्नां वा श्रुतिभूतत्वात्तत्र साङ्गं क्रियेत यथा माध्यन्दिने

११,४.१५

अपि वा फलकर्तृसम्बन्धात्सह प्रयोगः स्यादाग्नेयाग्नीषोमीयवत्

११,४.१६

साङ्गकालश्रुतित्वाद्वा स्वस्थानानां विकारः स्यात्

११,४.१७

दीक्षोपसदां च संख्या पृथक्पृथक् प्रत्यक्षसंयोगात्

११,४.१८

वसतीवरीपर्यन्तानिपूर्वाणितन्त्र
मन्यकालत्वादवभृथादीन्युत्तराणिदीक्षाविसर्गार्थत्वात्

११,४.१९

तथा चान्यार्थदर्शनम्

११,४.२०

चोदनापृथक्त्वे त्वैकतन्त्र्यं समवेतानां कालसंयोगात्

११,४.२१

भेदस्तु तद्भेदात्करमभेदः प्रयोगे स्यात्तेषां प्रधानशब्दत्वात्

११,४.२२

तथा चान्यार्थदर्शनम्

११,४.२३

श्वासुत्यावचनं तद्वत्

११,४.२४

पश्वतिरेकश्च

११,४.२५

सुत्याविवृद्धौ सुब्रह्मण्यायां सर्वेषामुपलक्षणं प्रकृत्यन्व यादावाहनवत्

११,४.२६

अपि वेन्द्राभिधानत्वात्सकृत्स्यादुपलक्षणं कालस्यलक्षणार्थत्वात्

११,४.२७

अविभागाच्च

११,४.२८

पशुगणे कुम्भीशूलवपाश्रपणीनां प्रभुत्वात्तन्त्रमावः स्यात्

११,४.२९

भेदस्तु सन्देहाद्देवतान्तरे स्यात्

११,४.३०

अर्तादवा लिङ्गकर्म स्यात्

११,४.३१

प्रतिपाद्यत्वाद्वसानांभेदः स्यात्स्वयाज्याप्रदानत्वात्

११,४.३२

अपि वा प्रतिपत्तित्वात्तन्त्रं स्यात्स्वस्याश्रुतिभूतत्वात्

११,४.३३

सकृदिति चेत्

११,४.३४

न कालभेदात्

११,४.३५

पक्तिभेदात्कुम्भोशूलवपाश्ररणीनांभेदः स्यात्

११,४.३६

जात्यन्तरेषु भेदः पक्तिवैषम्यात्

११,४.३७

वृद्धिदर्शनाच्च

११,४.३८

कपालानि च कुम्भीवत्तुल्यसंख्यानाम्

११,४.३९

प्रतिप्रधानं वा प्रकृतिवत्

११,४.४०

सर्वेषां वाभिप्रथमं स्यात्

११,४.४१

एकद्रव्ये संस्काराणां व्याख्यातमेककर्मत्वात्

११,४.४२

द्रव्यान्तरे कृतार्थत्वात्तस्य पुनः प्रयोगान्मन्त्रस्य च तद्गुणत्वात्पुनः प्रयोगः स्यात्तदर्थेन विधानात्

११,४.४३

निर्वपणलवनस्तरणाज्यग्रहणेषु चैकद्रव्यवत्प्रयोजनैकत्वात्

११,४.४४

द्रव्यान्तरवद्वा स्यात्तत्संस्कारात्

११,४.४५

वेदिप्रोक्षणे मन्त्राभ्यासः कर्मणः पुनः प्रयोगात्

११,४.४६

एकस्य वा गुणविधिर्द्रव्याकत्वात्तस्मात्सकृत्प्रयोगः स्यात्

११,४.४७

कण्डूयने प्रत्.ङ्गं कर्मभेदात्स्यात्

११,४.४८

अपि वा चोदनैककालमैककर्म्यं स्यात्

११,४.४९

स्वप्ननदीतरणाभिवर्षणामेध्यप्रतमन्त्रणेषु चैवम्

११,४.५०

प्रयाणे त्वार्थनिर्वृत्तेः

११,४.५१

उपरवमन्त्रस्तन्त्रं स्याल्लोकवद्बहुनचनात्

११,४.५२

न सन्निपातित्वादसन्निपातिकर्मणां विशेषग्रहणे का लैकत्वात्सकृद्वचनम्

११,४.५३

हविष्कृदध्रिगुपुरोऽनुलाक्यामनोतस्यावृत्तिः कालभेदात् स्यात्

११,४.५४

अध्रिगोश्च विपर्यासात्

११,४.५५

करिष्यद्वचनात्

११,४.५६

अध्याय १२

तन्त्रिसमवाये चोदनातः समानानामेकतन्त्र्यमतुल्येषु तुभेदः
स्याद्विधिप्रक्रमतादर्थ्यात् श्रुतिकालनिर्देशात्

१२,१.१

गिणकालविकाराच्च तन्त्रभेदः स्यात्

१२,१.२

तन्त्रमध्ये विधानाद्वा मुख्यतन्त्रेण सिद्धिःस्यात्तन्त्रार्थस्याविशिष्टत्वात्

१२,१.३

विकाराच्च न भेदः स्यादर्थस्याविकृतत्वात्

१२,१.४

एकेषां वाशक्यत्वात्

१२,१.५

आहोपुरीषकं स्यात्

१२,१.६

एकाग्निवच्च दर्शनम्

१२,१.७

जैमिनेः परतन्त्रत्वापत्तेः स्वतन्त्रप्रतिषेधः स्यात्

१२,१.८

नानार्थत्वात्सोमे दर्शपूर्णमासप्रक

तीनां वेदिकर्म स्यात्

अकर्म वा कृतदूषा स्यात्

१२,१.१०

पात्रेषु च प्रसङ्गः स्याद्धोमार्थत्वात्

१२,१.११

न्याय्यानि वा प्रयुक्तत्वादप्रयुक्ते प्रसङ्गः स्यात्

१२,१.१२

शामित्रे च पशुपुरोडाशो न स्यादितरस्य प्रयुक्तत्वात्

१२,१.१३

श्रपणं वाग्निहोत्रस्य शालामुखीये न स्यात्प्राजहितस्य विद्यनानत्वात्

१२,१.१४

हविर्धाने निर्वपणार्थं साधयेतां प्रयुक्तत्वात्

१२,१.१५

असिद्धिर्वान्यदेशत्वात्प्रधानवैगुण्यादवैगुण्ये प्रसङ्गः स्यात्

१२,१.१६

अनसाञ्च दर्शनात्

१२,१.१७

तद्युक्तत्व च कालभेदात्

१२,१.१८

मन्त्राश्च सन्निपातित्वात्

१२,१.१९

धारणार्थत्वात्सोमेऽग्न्यन्वाधानं न विद्यते

१२,१.२०

तथा व्रतमपेतत्वात्

१२,१.२१

विप्रतिषेधाच्च

१२,१.२२

सत्यवदिति चेत्

१२,१.२३

न संयोगपृथक्त्वात्

१२,१.२४

ग्रहार्थं च पूर्वमिष्टेस्तदर्थत्वात्

१२,१.२५

शेषवदिति चेन्न वैश्वदेवो हि स्याद्व्यपदेशात्

१२,१.२६

न गुणार्थत्वात्

१२,१.२७

सन्नहनञ्च वृत्तत्वात्

१२,१.२८

अन्यविधानादारण्यभोजनं न स्यादुभयं हि बृत्यर्थम्

१२,१.२९

शेषभक्षास्तथेति चेन्नान्यार्थत्वात्

१२,१.३०

भृत्वाच्च परिक्रयः

१२,१.३१

शेषभक्षास्तथेति चेत्

१२,१.३२

न कर्मसंयोगात्

१२,१.३३

प्रवृत्तवरणात्प्रति तन्त्रवरणात्प्रतितन्त्रवरणं होतु क्रियेत

१२,१.३४

ब्रह्मापीति चेत्

१२,१.३५

न प्राङ्नियमात्तदर्थं हि

१२,१.३६

विर्दिष्टस्येति चेत्

१२,१.३७

न श्रुतत्वात्

१२,१.३८

हीतुस्तथेति चेत्

१२,१.३९

न कर्मसंयोगात्

१२,१.४०

यज्ञोत्पत्त्युपदेशे विष्ठितकर्मप्रयोगभेदात्प्रतितन्त्रं क्रियेत

१२,१.४१

देशपृथक्त्वान्मन्त्रोव्यावर्तते

१२,१.४२

सन्नहनहरणे तथेति चेत्

१२,१.४३

नान्यार्थत्वात्

१२,१.४४

विहारो लौकिकानामर्थं साधयेत्प्रभुत्वात्

१२,२.१

मांसपाकप्रतिषेधश्च तद्वत्

१२,२.२

निर्देशाद्वा वैदिकानां स्यात्

१२,२.३

सति चोपासनस्य दर्शनात्

१२,२.४

अभावदर्शनाच्च

१२,२.५

मांसपाको विहितप्रतिषेधः स्यादाहुतिसंयोगात्

१२,२.६

वाक्यशेषो वा दक्षिणस्मिन्नमारभ्यविधानस्य

१२,२.७

सवनीये छिद्रापिधानार्थत्वात्पशुपुरोडाशो न स्यादन्येषामेवमर्थत्वात्

१२,२.८

क्रिया वा देवतार्थत्वात्

१२,२.९

लिङ्गदर्शनात्

१२,२.१०

हविष्कृत्सवनीयेषु न स्यात्प्रकृतौ यदि सर्वार्था पशुं प्रत्याहूता सा कुर्याद्वुद्यमानत्वात्

१२,२.११

पशौ तु संस्कृते विधानात्

१२,२.१२

योगाद्वा यज्ञाय तद्विमोके विसर्गः स्यात्

१२,२.१३

निशि यज्ञे प्राकृतस्याप्रवृत्तिः स्यात्प्रत्यक्षशिष्टत्वात्

१२,२.१४

कालवाक्यभेदाच्च तन्त्रभेदः स्यात्

१२,२.१५

वेद्युद्धननव्रतंविप्रतिषेधात्त देव स्यात्

१२,२.१६

तत्रंमध्ये विधानाद्वा तत्तन्त्रा सवनीयवत्

१२,२.१७

वेगुण्यादिध्मवर्हिर्नसाधयेदग्न्य्न्वाधानं च यदि देवतार्थम्

१२,२.१८

अग्न्यन्वाधानं च यदि देवतार्थम्

१२,२.१९

आरम्भणीया विकृतौ न स्यात्प्रकृतिकालमध्यत्वात् कृता पुमस्तदर्थेन

१२,२.२०

सकृदाऽरम्भसंयोगात्

१२,२.२१

स्याद्वा कालस्याशेषभूतत्वात्

१२,२.२२

आरंभविभागाच्च

१२,२.२३

विप्रतिषिद्धधर्माणां समवाये भूयसां स्यात्सधर्मकत्वम्

१२,२.२४

मुख्यं वा पूर्वचोदनाल्लोकवत्

१२,२.२५

तथा चान्यार्थदर्शनम्

१२,२.२६

अङ्गगुणविरोधे च तादर्थ्यात्

१२,२.२७

परिधेद्व्यर्थत्वाद भयधर्मा स्यात्

१२,२.२८

यौप्यस्तु विरोधे स्यान्मुख्यानन्तर्यात्

१२,२.२९

इतरो वा तस्य तत्र विधानादुभयोश्चाङ्गसंयोगः

१२,२.३०

पशुसवनीयेषु विकल्पः स्याद्वैकृतश्तेदुभयोपश्रुतिभूतत्वात्

१२,१.३१

पाशुकं वा तस्य वैशेषिकाम्नानात्तदनर्थकं विकल्पे स्यात्

१२,१.३२

पशोश्च विप्रकर्षस्तन्त्रमध्ये विधानात्

१२,२.३३

अपूर्वं च प्रकृतौ समानतन्त्रा चेदनित्यत्वादनर्थकं हि स्यात्

१२,२.३४

अधिकश्च गुणः साधारणेऽविरोधात्कांस्यभोजिवदमुख्येऽपि

१२,२.३५

तत्प्रवृत्त्या तु तन्त्रस्य नियमः स्याद्यथा पाशुकं सूक्तपाकेन

१२,२.३६

न वाविरोधात्

१२,२.३७

अशास्त्रलक्षणत्वाच्च

१२,२.३८

विश्र्वजिति वत्सत्वङ्नामधेयादितर था तन्त्रभूय त्वादहतं स्यात्

१२,३.१

अविरोधी वा उपरिवासो हि वत्सत्वक्

१२,३.२

अनुनुर्वाप्येषु भूयस्त्वेन तन्त्रनियमः स्याच्छ्विष्ठकृद्दर्शनाच्च

१२,३.३

आगन्तुकत्वाद्वा स्वधर्मा स्याच्छ्रुतिविशेषादितरस्य च मुख्यत्वात्

१२,३.४

स्वस्थानत्वाच्च

१२,३.५

स्विष्टकृच्छ्रपणान्नेतिचोद्विकारः पवमानवत्

१२,३.६

अविकारो वा प्रकृतिवच्चोदनां प्रति भानाच्च

१२,३.७

एक कर्मणिशिष्टत्वाद्गुणानां सर्वकर्म स्यात्

१२,३.८

एकार्थास्तुविकल्पेरन्,मुच्चये ह्यावृत्तिः स्यात्प्रधानस्य

१२,३.९

अभ्यस्योतार्थवत्त्वादिति चेत्

१२,३.१०

नाश्रुतत्वाद्धि विकल्पवच्चदर्शयति कालान्तरेऽर्थवत्त्वं स्यात्

१२,३.११

प्रायश्चित्तेषुचैकार्थ्यान्निष्पन्नेनाभिसंयोगस्तस्मात् सर्वस्य निर्घातः

१२,३.१२

समुच्चयस्तु दोषार्थः

१२,३.१३

मन्त्राणाङ्कर्मसंयोगः स्वधर्मेण प्रयोगः स्याद्धर्मस्य तन्निमित्तत्वात्

१२,३.१४

विद्यांप्रतिविधिनाद्वा सर्वकारणं प्रयोगः स्यात् कर्मार्तत्वात् प्रयोगस्य

१२,३.१५

भाषास्वरोपदेशादैरवत् प्रायवचनप्रतिषेधः

१२,३.१६

मन्त्रोपदेशोवा न भाषिकस्य प्रायोपपत्तेर्भाषिकश्रुतिः

१२,३.१७

विकारः कारणाग्रहणे तन्न्यायत्वाद् दृष्टेऽप्येवम्

१२,३.१८

तदुत्पत्तेर्वा प्रवचनलक्षणत्वात्

१२,३.१९

मन्त्राणां करणार्थत्वान्मन्त्रान्तेन कर्मादिसन्निपातः स्यात्सर्वस्य वचनार्थत्वात्

१२,३.२०

सन्ततवचनाद्धारायामादिसंयोगः

१२,३.२१

करमसन्तानो वा नानाकर्मत्वादितरस्याशक्यत्वात्

१२,३.२२

आघारे च दीर्घधारत्वात्

१२,३.२३ मन्त्राणां सन्निपातित्वादेकार्थानांविकल्पः स्यात्

संख्याविहितेषु समुच्चयोऽसन्निपातित्वात्

१२,३.२५

ब्राह्मणविहितेषु च संख्यावत्सर्वेषामुपदिष्ठत्वात्

१२,३.३६

याज्यावषट्कारयोश्त समुच्चयदर्शनं तद्वत्

१२,३.२७

विकल्पो वा समुच्चयस्याश्रुतित्वात्

१२,३.२८

गुणार्थत्वादुपदेशस्य

१२,३.२९

वषट्कारे नानार्थत्वात्समुच्चयो हौत्रास्तु विकल्पेरन्नेकार्थत्वात्

१२,३.३०

क्रियमाणानुवादित्वात् समुच्चयो वा हौत्राणाम्

१२,३.३१

समुच्चयं च दर्शयति

१२,३.३२

जपाश्चाकर्मसंयुक्ताः स्तुत्याशीरभिधानाश्च याजमानेषु समुच्चयः स्यादाशीःपृथक्त्वात्

१२,४.१

समुच्चयं च दर्शयति

१२,४.२

याज्यानुवाक्यासु तु विकल्पः स्याद्देवतीपलक्षणार्थत्वात्

१२,४.३

लिङ्गदर्शनाच्च

१२,४.४

क्रयेषु ति विकल्पः स्यादेकार्थत्वात्

१२,४.५

समुच्चयो वा प्रयोगद्रव्यसमवायात्

१२,४.६

समुच्चयञ्चदर्शयति

१२,४.७

संस्कारे च तत्प्रधानत्वात्

१२,३.८

संख्यासु तु विकल्पः स्याच्छ्रुतिप्रतिधात्

१२,३.९

द्रव्यविकारात्तु पूर्ववदर्थकर्म स्यात्तया विकल्पेन नियमप्रधानत्वात्

१२,३.१०

द्रव्यत्वेऽपि समुच्चयो द्रव्यस्य कर्मनिष्पत्तेः प्रतिपशु कर्मभेदादेवं सति यथाप्रकृति

१२,४.११

कपालेऽपि तथेतिचेत्

१२,४.१२

न कर्मणः परार्थत्वात्

१२,४.१३

प्रतिपत्तिस्तु शेषत्वात्

१२,४.१४

शृतेऽपि पूर्ववत्स्यात्

१२,४.१५

मवायात्तसमात्तेनार्थकर्म स्यात्

१२,४.१६

उखायां काम्यनित्यसमुच्चयो नियोगे कामदर्शनात्

१२,४.१७

तस्यत देवतार्थत्वात्

१२,४.१८

विकारो वा नित्यस्याग्नेः काम्येन तदुक्तहेतुः

१२,४.१९

वचनादसंस्कृतेषु कर्म स्यात्

१२,४.२०

संसर्गे चापि दोषः स्यात्

१२,४.२१

वचनादिति चेदथेतरस्मिन्नुत्सर्गापरिग्रहः कर्मणःकृतत्वात्

१२,४.२२

स आहवनीयः स्यादाहुतिसंयोगात्

१२,४.२३

अन्यो वोद्धृत्याहरणात् तस्मिन्त्संस्कारकर्म शिष्टत्वात्

१२,४.२४

स्थानात्तु परिलुप्येरन्

१२,४.२५

नित्याधारणे विकल्पो न ह्यकस्मात्प्रतिषेधः स्यात्

१२,४.२६

नित्यधारणाद्वा प्रतिषेधो गतश्रियः

१२,४.२७

परार्थान्योकः प्रतियन्तिवत् सत्राहीनयो यजमानगणेऽनियमोऽविशेषात्

१२,४.२८

मुख्यो वाविप्रतिषेधात्

१२,४.२९

सत्रे गृहपतिरसंयोगाद्धौत्रवदाम्नायवचनाच्च

१२,४.३०

सर्वैः वा तदर्थत्वात्

१२,४.३१

विप्रतिषेधे परम्

१२,४.३२

हौत्रे परार्थत्वात्

१२,४.३३

वचनं परम्

१२,४.३४

प्रभुत्वादार्त्विज्यं सर्ववर्णानां स्यात्

१२,४.३५

स्मृतेर्वा स्याद्व्राह्मणानाम्

१२,४.३६

फलचमसविधानाच्चेतरेषाम्

१२,४.३७

सान्नाय्येप्येवं प्रतिषेधः सौमपीयहेतुत्वात्

१२,४.३८

चतुर्धाकरणे च विर्देशात्

१२,४.३९

अन्वाहहर्ये च दर्शनात्

१२,४.४०

क्रम-सूची

www.ingramcontent.com/pod-product-compliance
Ingram Content Group UK Ltd.
Pitfield, Milton Keynes, MK11 3LW, UK
UKHW022002190726
13853UKWH00004B/1682